考古学家带你看中国

浙江大学艺术与考古博物馆馆长
良渚古城发现者

刘 斌 著

良渚

五千年前，
世界上最大的城在这里

中国经济出版社
CHINA ECONOMIC PUBLISHING HOUSE
·北京·

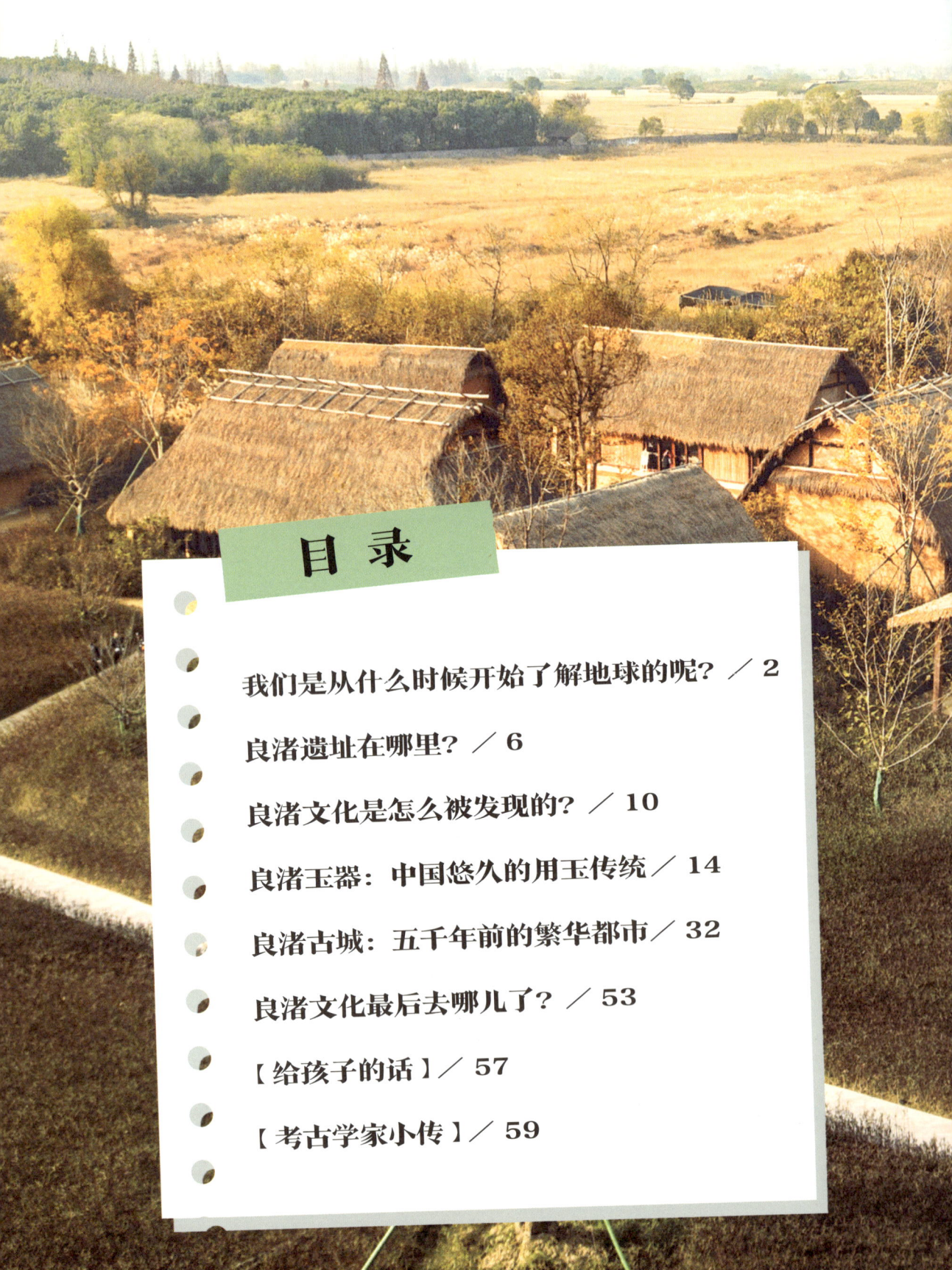

目　录

- 我们是从什么时候开始了解地球的呢？／2
- 良渚遗址在哪里？／6
- 良渚文化是怎么被发现的？／10
- 良渚玉器：中国悠久的用玉传统／14
- 良渚古城：五千年前的繁华都市／32
- 良渚文化最后去哪儿了？／53
- 【给孩子的话】／57
- 【考古学家小传】／59

良渚文化，是位于长江下游的、代表了中国五千年国家起源的考古学文化。

代表早期国家起源的文化，在黄河中下游、辽河流域也都存在，但是根据当下的考古研究，包括现场保护、保留的物质遗存，最能够代表中国五千年文明发展高度的，就是长江下游的良渚文化。

◂ 良渚古城遗址公园掠影

我们是从什么时候开始了解地球的呢？

大约在66亿年前，银河系内发生过一次大爆炸。爆炸后的碎片和散漫物质经过长时间的凝集，大约在46亿年前形成了太阳系。

地球，作为太阳系的一员，也在46亿年前形成了。

在38亿年前，地球上形成了稳定的陆块。

我们目前所知道最古老的生物化石，发现于澳大利亚西部距今约35亿年前的岩石里。这些化石，类似于现在的蓝藻，它们是一些原始的生命，是肉眼看不见的。它们的大小只有几个微米到几十个微米。因此我们可以说，生命起源不晚于35亿年前。

直到距今7000万年左右的时候，地球的面貌才变得跟我们今天相似。各种食草、食肉的哺乳动物空前繁盛。这时，开始出现了灵长类动物。

在600万—800万年前，最早的人类诞生。在距今约500万年的时候，人与猿分道扬镳（biāo）。直至距今20万年左右，人类演化为智人，现代人出现，这一时期人的形态、外貌等已与今人没有太大差别。

从人类诞生之日到1万年前这个时期，我们称为旧石器时代。考古发现让我们知道，这个时期人类开始使用打制石器。

从1万年前开始，人类进入新石器时代。这时，人类开始制造磨光石器，烧造陶器。陶器是第一种非自然的人造物质。同时，人类还发明了农业，过上了定居生活。

在距今4000年左右，中国进入青铜时代。古埃及大约在距今5000年就进入青铜时代，在青铜冶炼上比我们要早约1000年。中国的青铜冶炼技术应该是从西亚传过来的，又经历了2000年的发展，到战国时代，中国开始出现铁器。

实际上，我们了解自己的星球是很晚的事情——直到19世纪，我们才开始真正了解自己的星球，了解人类的历史。

地质学、古生物学、考古学等，彻底改变了我们的观念。我们知道欧洲的大部分人信仰基督教，信上帝和耶稣。在1650年的时候，一位爱尔兰的大主教根据《圣经》叙事推算出"上帝造人的时间是公元前4004年"，这意味着在1650年时，欧洲人认为自己距离人类产生的时代有5000多年。

今天的我们，从中学到大学，很多时候接受的都是知识灌输式的教育。我们很少会想，人类是如何获得这些知识的，更难以想象获得这些知识经历了怎样漫长的过程，以及追求真理时所遭受的磨难。

比如，地球绕太阳转对现代人来说是一个常识，当我们轻而易举地说出这件事时，能否想象哥白尼在16世纪提出"日心说"时是怎样的石破天惊？布鲁诺为了将"日心说"发扬光大而被宗教法庭处以火刑，付出了生命的代价。这说明什么？在距离我们400年前，人们还不知道地球、太阳是怎么运行的。

回到中国来讲，在这100年之前，人们根本不知道4000年以前古人是怎么生活的，也不知道之前的人用的东西是什么样子。有人问，考古究竟做了哪些贡献？一两句话总结不了。放到历史的长河当中，全世界从事考古工作的人数量也不多，但他们在这一两百年里，建立了整个人类的发展框架，而且给全人类的文化带来了数不清的贡献。

我常常想什么是考古之道。考古学是为了满足我们的好奇心吗？是寻宝为博物馆增加藏品吗？

> 《礼记》讲：'大学之道，在明明德……物有本末，事有终始。知所先后，则近道矣。'考古之道也是如此。考古工作不是挖出一样东西就立刻给出一个判断，而是要不断研究器物、遗迹的来龙去脉，把它们放在一个大的时空框架中去理解。

良渚遗址在哪里？

良渚遗址位于浙江省，浙江是"六山三水一分田"，土地面积很少。良渚虽然在杭州附近，不过它的位置靠近苕（tiáo）溪，苕溪最后流入太湖。右图中这条红线圈起来的部分就是现在良渚遗址保护区的范围，42平方千米，在一个C形盆地里。标五角星的地方是杭州，从图上还可以看到钱塘江和西湖。

> 良渚文化距今约5300—4300年，主要分布于中国长江下游太湖流域，是中国新石器时代晚期的一支十分重要的考古学文化。

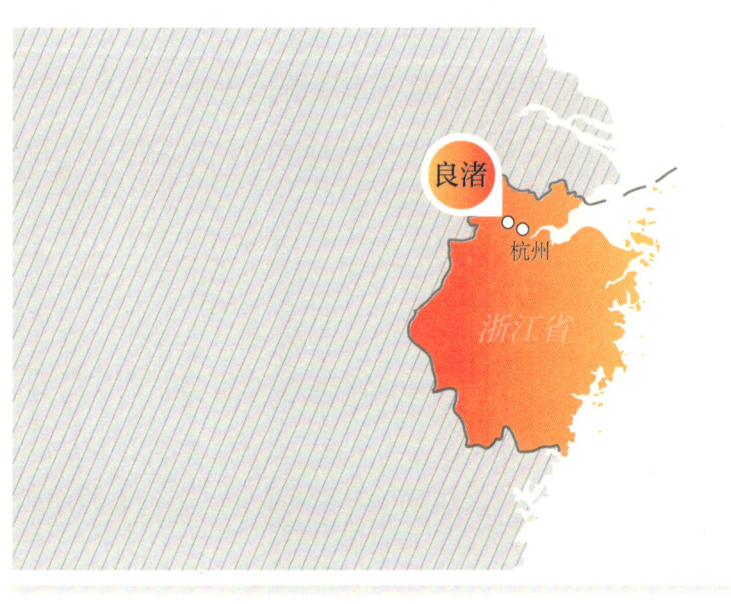

▲ 良渚遗址位于太湖西南部的山地和平原的过渡地带

下面这幅图上的黑点，是良渚遗址主要的分布区：最北到了江苏与山东交界的新沂，新沂的花厅遗址出了良渚的墓葬；最南可以到浙江的中南部。以前的发现主要集中在长三角这个区域。

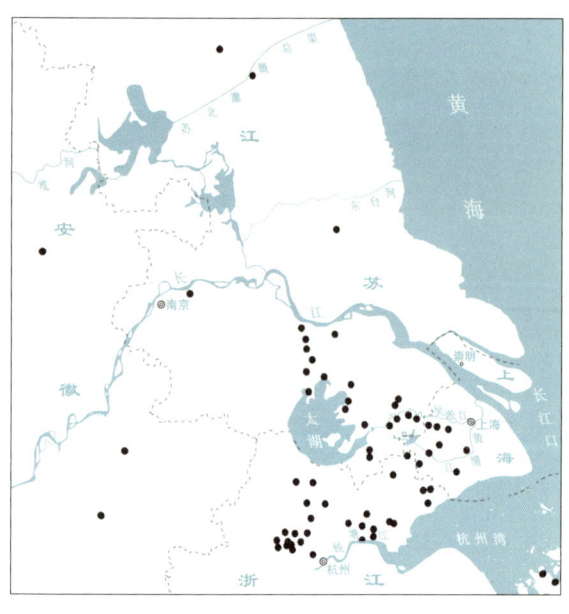

❝良渚文化，我们也可以称其为'良渚文明'，大体与古埃及文明、苏美尔文明、哈拉帕文明处于同一时代，同一纬度，也就是北纬30度。❞

◀ 良渚文化主要遗址分布示意图

❓ 考古学中的"文化"与"文明"

考古学文化，是考古学中的一个专有名词，是指从考古发现中观察到的、属于同一时间阶段、分布在一定地区，且具有共同特征的一群遗存。我们称这些遗存为某一个考古学文化。比如，在良渚文化之前，分布于太湖流域的考古学文化是马家浜文化（距今约7000—6000年）。在马家浜文化之后，是崧泽文化（距今约6000—5100年）。崧泽文化之后就是良渚文化（距今约5300—4300年）。良渚文化之后，太湖流域出现了两个文化，钱山漾文化和广富林文化（均距今约4300—4000年）。

考古学上命名某一种文化有一个原则：以第一次发现的遗址的小地名来命名这类遗存。所以良渚文化虽然位于杭州附近，但是以良渚镇的名字来命名。

我们需要特别注意的一点是，考古学文化是我们认知物质遗存的一种方法，它并不等于历史本身。但是，它非常重要，填补了没有文字记录的空白。当我们称"良渚文化"为"良渚文明"时，想要表达的是这个考古学文化已经发展到相当高级的程度。

北纬30度是一个非常神奇的文化带。为什么在北纬30度会诞生灿烂的文明呢？一定是跟环境有关的。人类如果在太暖和的地方，比如靠近赤道，那么他不用去创造，采点果子吃就够了，也不用盖房子；如果在太冷的地方也不行，生存都成问题。人类在四季分明的地方，与自然相适应的过程，就产生了相应的文明。

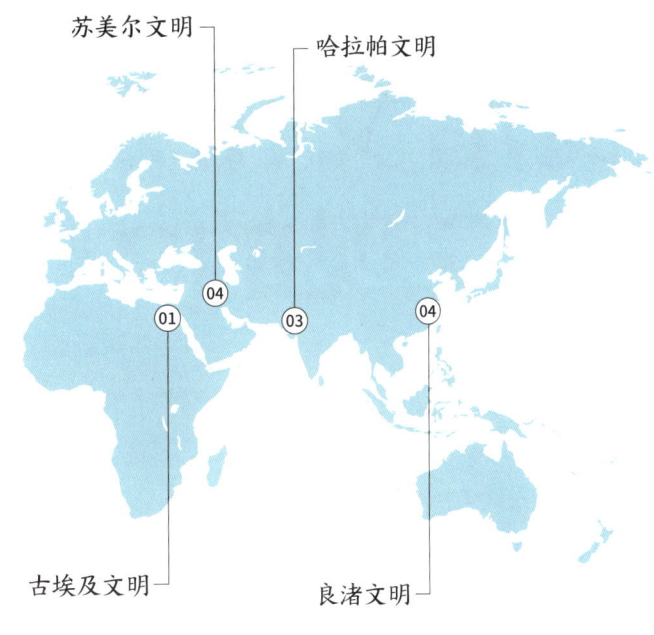

研究环境的学者提出过"4200事件"这样一个说法，指在大约公元前2世纪的时候，全球气温大幅降低，北半球洪水泛滥。我们在很多国家的文化中都看到有关于洪水的传说。对我们中国人来说，女娲补天、大禹治水的故事再熟悉不过了。

考古发掘表明，在良渚文化的末期（距今4300年左右），在长江下游确实发过非常大的洪水。我们当时在挖掘的时候（见下页图），挖出一米多厚的黄土，都是洪水泛滥形成的黄土层，像千层饼一样。研究沉积的专家认为，发一次洪水就形成一层黄土，中间没有间隔，表明这个洪水好像持续了几十年、上百年，把整个盆地都淹掉了。洪水泛滥形成的黄土层被清理掉之后，露出下面黑色的、四千多年前的水稻田。在日本发现的早期水稻田，也是被掩埋在火山灰的下面。

? **良渚古城有多大？**

良渚古城的面积约3平方千米，大小相当于4个故宫（约0.72平方千米）。外围核心区域约8平方千米，水利系统约100平方千米。（汉长安城，面积约36平方千米。唐长安城，面积达83平方千米。明清北京城，面积约60平方千米。）

9

良渚文化是怎么被发现的？

良渚文化的发现，实际上经历了非常长的时间。

2007年，良渚古城被发现，我们开始重新改写这个区域的历史。

故事要从将近一百年前说起。1936年，西湖博物馆（即现在的浙江省博物馆）的施昕更先生在他的家乡余杭良渚镇一带发现了出土黑陶的遗址。当时，在山东已经发现了龙山文化。龙山文化是中国黄河中下游地区新石器时代晚期的一类文化遗存，距今约4300—3900年。考古学家们在山东章丘的城子崖遗址发掘时，发现了一批精美的磨光黑陶。于是，考古学家就把这种以黑陶为主要特征的文化遗存命名为"龙山文化"。所以，在南方发现的黑陶，不少人认为是从山东这边传过去的。施昕更发掘和调查了以黑陶为特征的新石器时代遗址，并出版了《良渚》（1938）一书。

到了1959年，良渚这边发现的遗址越来越多。后来，夏鼐（nài）先生就正式提出了"良渚文化"的命名。

1973年，在江苏吴县的草鞋山，考古学家第一次发现了随葬玉琮、玉璧等大型玉礼器的墓葬。在这些墓葬里，这些玉礼器与良渚风格的陶器共存。这时人们才意识到，之前被当作周代或汉代的玉器，其实距离我们更加久远，有四千年之久。

到了20世纪80年代中期，考古学家们先后在江苏吴县的张陵山、武进寺墩，上海青浦的福泉山，浙江余杭的反山、瑶山等地，发现了多处良渚文化的高等级墓地，出土了数以千计的精美玉器。

2007年，我们发现并确认了良渚古城，也就是左边给大家

展示的这幅照片，也逐渐知道了四千多年前那场滔天的洪水。

良渚文化有非常发达的农业，以水稻为主。长江流域是世界稻作的起源，而黄河流域则以小麦和谷子为主要农作物。

从良渚墓葬出土的情况，我们还看到了当时非常发达的手工业。除了良渚标志性的玉器，还有大量精致的陶器（鼎、豆、鬶、壶、杯等）、石器（石镰、石锛、石犁等用于耕种的工具）。

▲石犁

▲黑陶双鼻壶

▲实足鬶（guī）

▲豆

▲贯耳壶

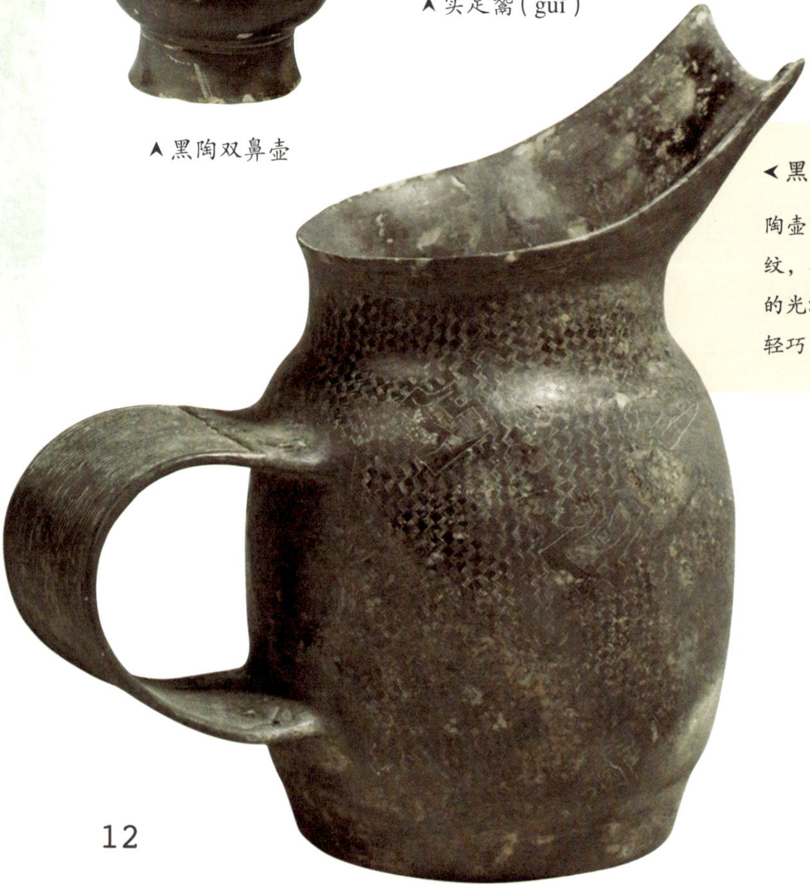

◀黑陶壶

陶壶宽把阔流，器身细刻曲折纹和禽鸟纹，器表的陶衣乌黑发亮，具有金属般的光泽。陶壶制作规整，器壁薄而匀致、轻巧，是良渚文化陶器中的珍品

▲鼎

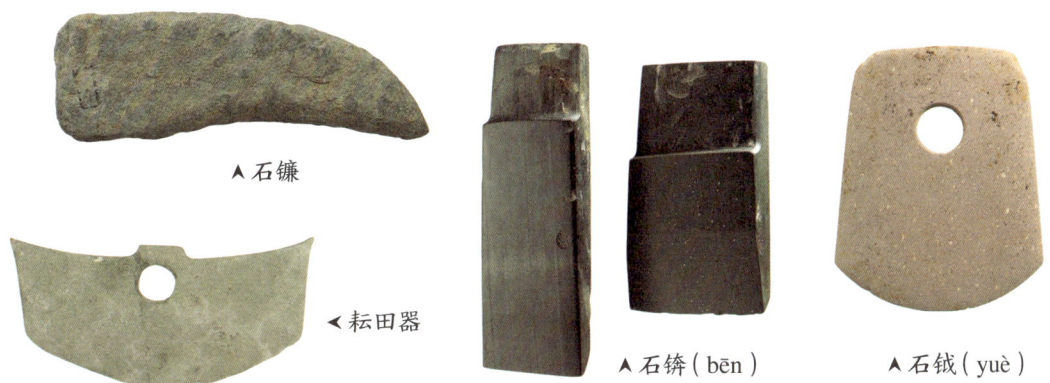

▲ 石镰

◀ 耘田器

▲ 石锛（bēn）

▲ 石钺（yuè）

▲ 石犁是作为犁的刃部来使用的，在铁器发明之前

良渚人的墓葬，显示出明显的等级分化。比方说，一个村庄里有几百个墓，大多数都是普通人的墓葬。普通人的墓葬，随葬品主要是生活用品，如陶器、石器，还有随葬狗的。这说明在五千年前，狗已经成为人类驯养的动物了。其中有两三个墓是等级稍高一点的，这两三个墓里面除了随葬陶器、石器，还随葬少量的玉器。

比较大型的墓葬是贵族的墓葬，贵族墓葬以随葬玉器为主，里面的陶器也没有比普通人墓葬多很多。这个习俗与北方地区同时代的文化是不太一样的。在山东地区的大汶口文化、龙山文化，大型的墓葬里出土的陶器会很多。在甘肃地区也是一样，大型墓葬中的彩陶数量会明显多一些。

良渚玉器：中国悠久的用玉传统

玉器，是良渚精神文化和物质文化最为重要的代表，反映了以神权为纽带的文明模式。一些玉器上刻有神徽，这种图像在整个长江下游、太湖流域表现得完全一致。这说明，在这一广大地区，人们有着统一的信仰。统一的信仰，是文明达到相当高度的一个标识。

▶ 反山12号墓玉琮上的神徽

▲ 兴隆洼遗址中出土的玉玦

　　中国人用玉，最早可以追溯到距今八千年前。玉料并非是用来制作生产工具的，而是用来标志身份的。在辽宁阜新的查海遗址、内蒙古赤峰的兴隆洼遗址出土的玉器中，最有代表性的是玉玦（距今约8000—6000年）。玉玦是夹在人耳朵上用的，到战国时代都是很流行的装饰品。

马家浜文化（距今约7000年）和河姆渡文化（距今约7000年）中也发现了玉玦。这些不同地区出土的玉玦告诉我们，在中国东半部（陆地及沿海），距今七八千年的、不同的新石器文化之间，是存在着交流的。

到了崧泽文化（距今约5800年，马家浜文化之后，良渚文化之前），玉玦仍然存在，同时开始出现玉璜。图中圆弧形的是玉璜。

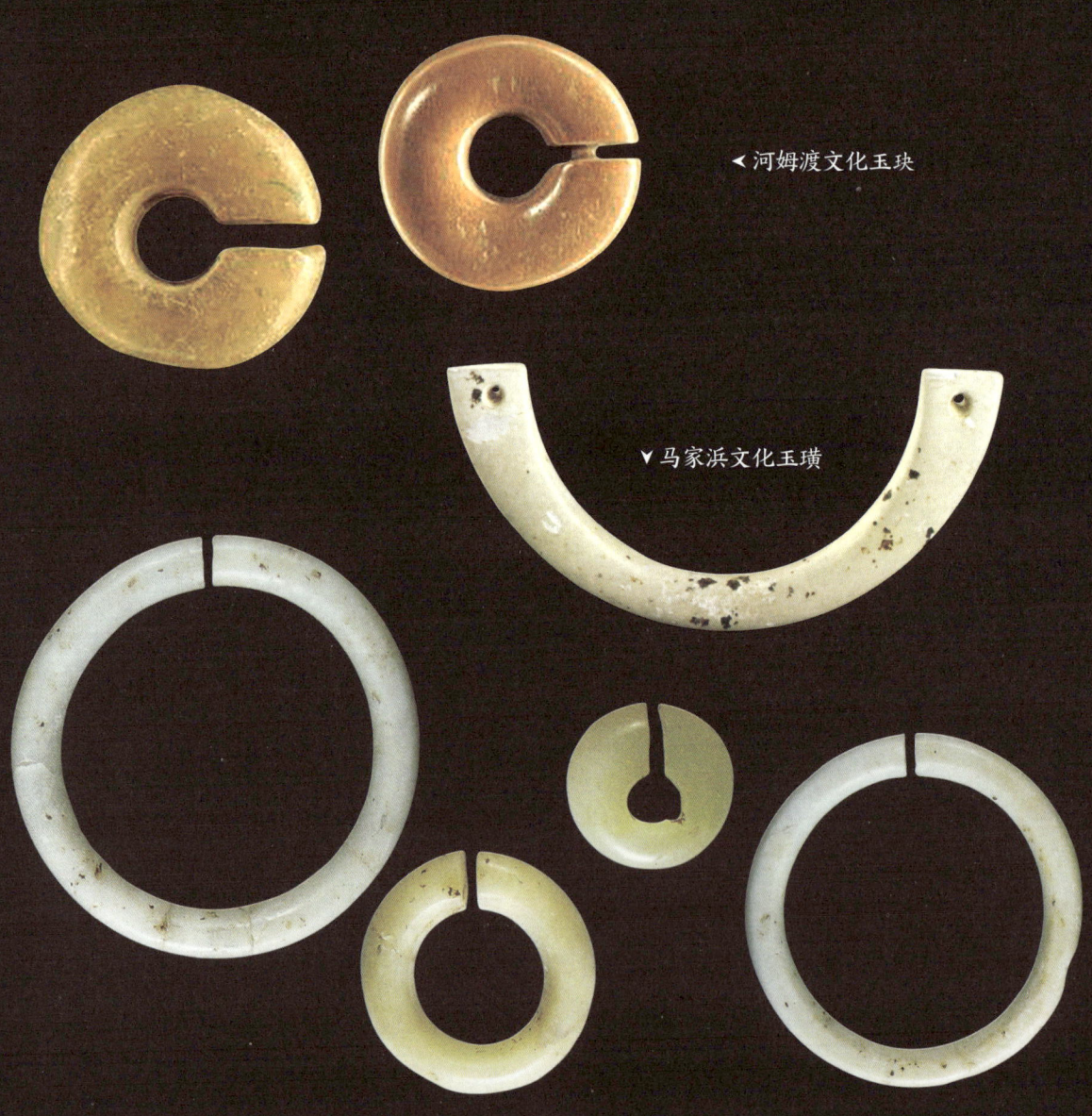

◀河姆渡文化玉玦

▼马家浜文化玉璜

▲马家浜文化玉玦

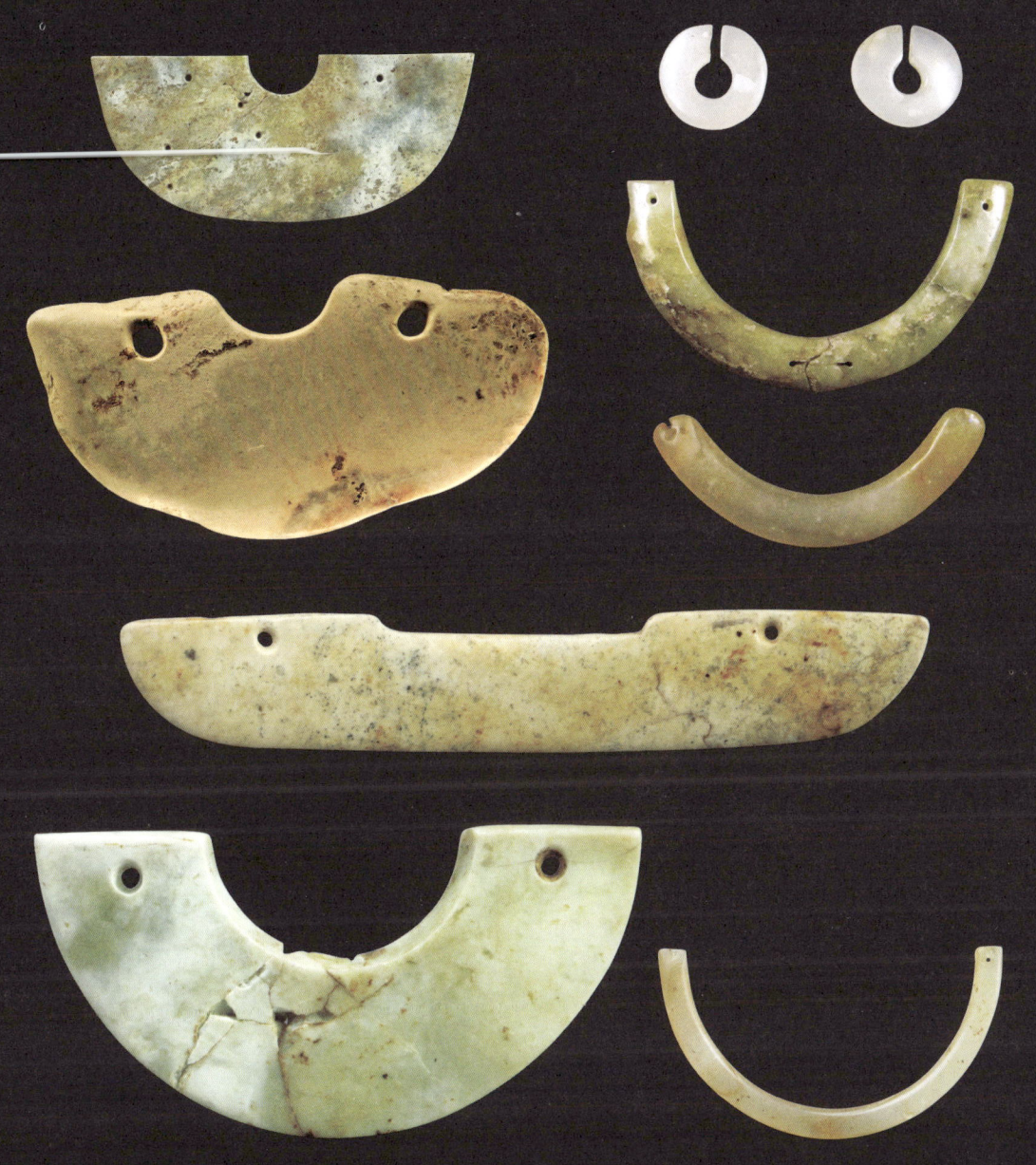

▲ 崧泽文化的玉玦和玉璜

在良渚文化之前，红山文化出的玉器最多、最有代表性。在长江中下游，崧泽文化、马家浜文化出土的都是少量的玉器。直到良渚文化，玉器突然多起来了，这与古人的宗教信仰有着密切的关系。

巫术与宗教

在更久远的巫术时代，巫师通过感应，使自己变成神的代言者，将神灵的神秘力量赋予世界。人和神是不分的。后来，当巫师意识到自己无法通过沟通改变神的意志，神灵才是主宰世界的真正力量时，人们便产生了对神的崇拜、献祭、祷告。原始宗教就这样产生了。宗教产生后，便开始有了偶像崇拜。人们所崇拜的偶像，是通过巫师来扮演的。

良渚文化存在于一个宗教与巫术混杂的时代，种类繁多的玉器体现了巫师对神权的掌握。巫师会把自己装扮成神的样子，替神代言。

良渚人发明的神像，也被称为神徽。神徽由两部分组成，上半部分是一个头戴羽冠的人，他的胳膊由细刻的纹饰来表现。他骑在一个眼睛圆圆的兽上。这个兽的爪子也是用极细的线刻来表现，形态和鸟的爪子有点像。

我们知道，女娲、伏羲，都是人面蛇身，就跟金字塔的狮身人面像一样。造神不能造得跟人一模一样，造神一般会有动物的力量在里面，或者以动物作为载体。

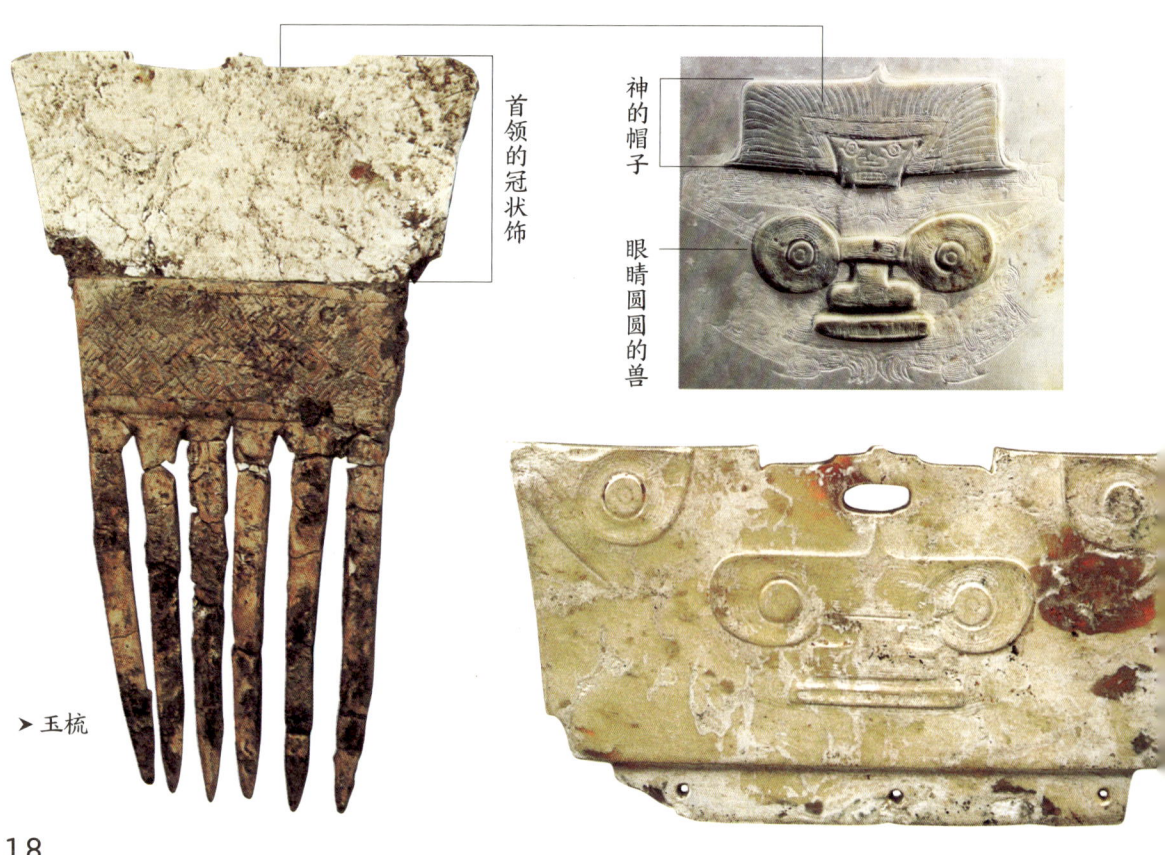

➤ 玉梳

首领的冠状饰

神的帽子

眼睛圆圆的兽

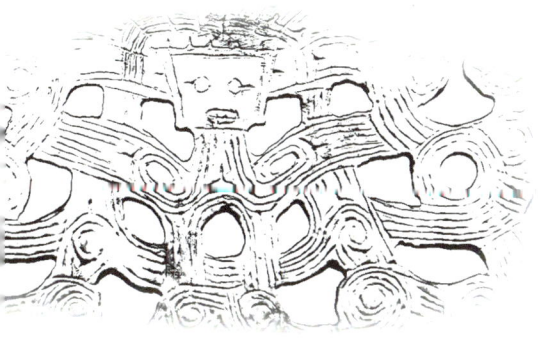

▶ 镂雕加阴刻的冠状饰

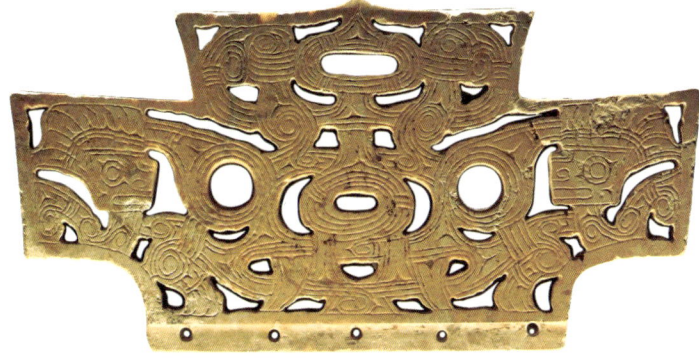

▲ 素面的冠状饰

◀ 玉器造型与所表现的神徽有着直接关系,巫师尽量把自己装扮成神的模样。冠状饰即是神的帽子的形态,巫师把它戴在自己头上

神徽的冠状饰,也就是神像的帽子,在很多高等级的墓里面都会有。当墓主人头上有这样一个玉梳,我们就知道这个人生前是部落首领,是能够通神的巫师。冠状饰有不同的造型,有镂空的,也有素面的。

19

玉钺：神权与王权的象征

玉钺（yuè），是良渚另外一种极有代表性的玉器。平时大家在博物馆看到的展出的玉钺，通常是中间类似斧刃的部分。其实，完整的玉钺是一根权杖（见右图），中间朽掉的木杖我们现在看不到了，只有三部分玉的部件保留下来。

玉钺象征着神权与王权的结合，它与神徽的冠状饰也有千丝万缕的联系。玉钺最上面的把端饰，看起来像条小船，正是神冠对折之后的形态。这是一个非常巧妙的设计，把象征神权的神冠对折后，放在象征君权的斧钺之上，二者结合起来，象征着君权神授。

把端饰：冠状饰的一半

▶ 玉钺

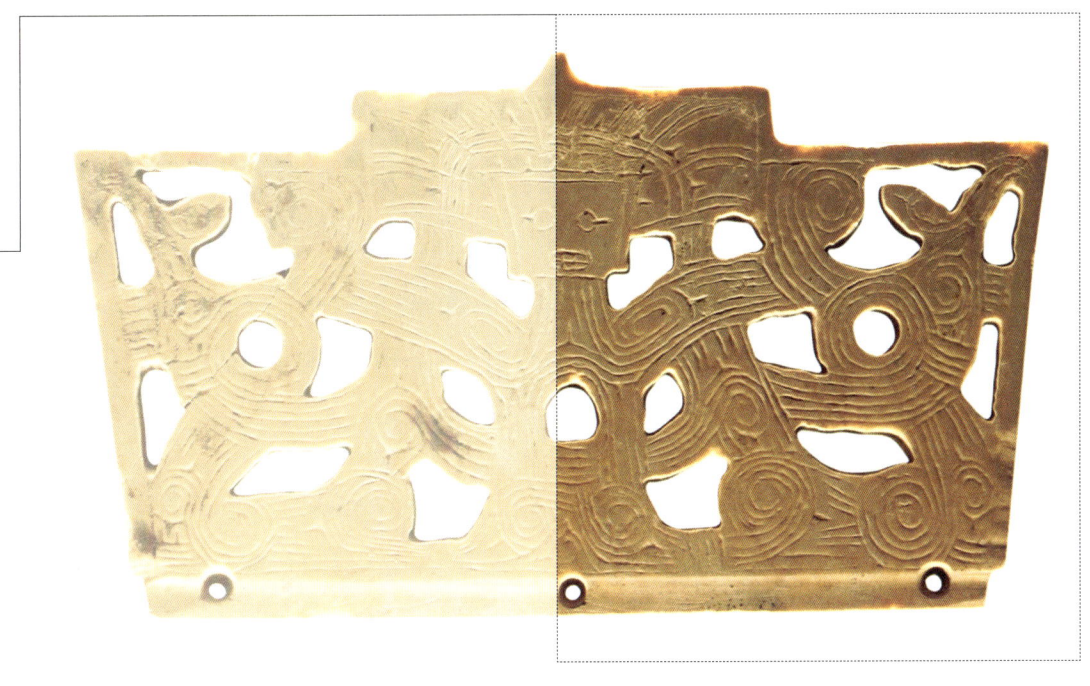

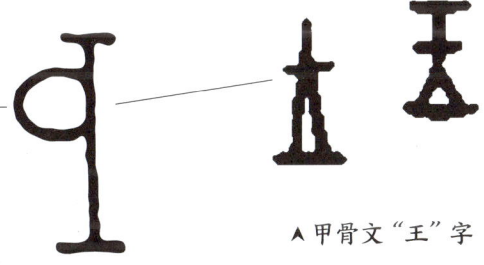

▲ 甲骨文"钺"字　　▲ 甲骨文"王"字

《尚书·牧誓》里写周武王伐商，描述他"左杖黄钺，右秉白旄（máo）"。可见，良渚之后又过去三千年，钺依然象征着最高权力，而不仅是一种普通的武器。

我们再看甲骨文中的"钺"字，完全就是照着玉钺权杖的形态来画的。后来，"钺"字又被假借为"王"字。因为王从外观上看，和普通人最主要的区别就是这根权杖，所以古人就用权杖来代表"王"字。为什么"王"字上面一定要有一横？那是神权的象征，表示人间君王的权力来自上天，是神给的。后来"天子"的概念就是这样来的。古人这一套逻辑，全部融入这个极简的设计里，实在令人佩服。

玉琮：神徽的载体，巫师的法器

玉琮（cóng）也是良渚玉器中的代表。《周礼》里边讲"黄琮礼地"，说的就是这个东西，外方内圆，是用来祭祀地的。

这是到现在为止，发现的唯一一件在中间竖槽里有刻纹的玉琮，出土于反山12号墓（M12），也是良渚玉琮中最大、最重、最精美的一件，被称为"琮王"。竖槽里面刻了上下两个神徽。这两个神徽分别与两侧角上的神徽在同一水平线上。神冠在一层，兽面在一层，我们整体看过去从上到下有四层结构。

▶ 玉琮

▼ 玉琮的四角和分节的形成，是对神徽多层浮雕和立体方式表现的结果

▲ 这是一个鸟的造型。鸟的身体，就是神徽中兽的一只眼睛

良渚玉琮的形态经过了一个变化的过程。

▶ 最初的形态是圆形

◀ 由圆变方：鼻线不断加高的过程

▶ 良渚晚期形成了直角的外方形，纹饰则逐渐简化

早期内外都是圆形，后来逐渐变成内圆外方，鼻线不断加高，立体感增加，变成了钝角方形。到了晚期，纹样进一步简化，神徽看不到了，从外面看已经是一个很规整的正方形了。所以，后来人见到它也不知道是干什么的了。

历史上很早就有良渚玉器的出土，但是人们一直不知道它们有那么早

◎ 这件是在成都金沙遗址（商代遗址）出土的良渚玉琮。我们看它的刻工和玉料，是典型的长江下游的东西。这件玉琮，是商代人（准确地说是与商同时代的古蜀国国王）的一件收藏品。成都金沙遗址里还有很多当时人仿制的良渚玉器。

◎ 这件是在苏州的吴国（春秋战国时期）窖藏出土的、被切割的良渚玉琮。当时的人把它当作玉料切成片，然后用作他用。

◎ 这是南宋官窑出土的琮式瓷瓶，它跟良渚玉琮的造型是一样的。宋代金石学很盛，我们可以把金石学理解为考古学的前身，很多知识分子非常热衷。宋人能做出良渚玉琮风格的瓷瓶，说明当时他们一定对良渚玉琮有所收藏。

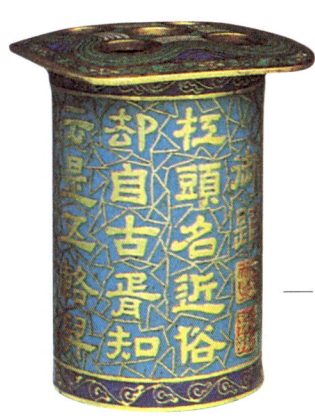

铜胎珐琅胆

▲ 刻有乾隆御制诗的玉琮，台北"故宫博物院"藏

◎ 乾隆皇帝很喜欢收藏，他收藏了好几件良渚的东西，但他都把它们当成汉代的东西。比如，上面这一件玉琮，现收藏在故宫博物院，是清宫旧藏。玉琮经过盘玩后，表面略带黄褐色，而且遍布鸡骨白沁，已看不出以前玉质的颜色。玉琮分为三节，每节都雕琢了人面纹，人眼刻画双重眼圈，两侧出短直线或三角形眼角。冠帽及嘴部浮雕，冠帽阴刻平行直线，嘴部刻画为长方形的螺旋纹。

琮的内壁阴刻着乾隆四十三年（1778）的一首御制诗《咏汉玉辋头》：

所贵玉者以其英，章台白光照连城。
辋头曰汉古于汉，入土出土沧桑更。
晁采全隐外发色，葆光祇穆内蕴精。
是谓去情得神独，昔之论画贻佳评。

乾隆认为，这件玉器是汉代贵族车辇（niǎn）抬竿上的饰件，名辋头，说明当时的人已不知琮为何物。乾隆不仅命人在内孔上刻琢诗文，还制作了铜胎珐琅胆（可以理解成芯子）放在玉琮内孔，把它改制为香薰炉。

玉璧：越来越重要的祭祀礼器

良渚早期的玉璧直径小，形状不规则，后来发展到又大又圆，直径一般在20厘米，厚度有1厘米。在良渚早期的墓葬里，在贵族的大墓里，璧并不是很重要，而我们前面说过的、插在梳子上的冠状饰，是一定会有的。而到了良渚中晚期，玉璧越来越多。比较精致的，会放在墓主人的胸部、腹部；比较粗糙的，会成堆放在脚边。一些玉璧上面刻有神秘的符号，专家称这个纹样为"鸟立坛柱"或"鸟立高台"。

玉璧祭祀的传统从良渚之后被一直保留下来。后来在《周礼》中，逐渐规范为"苍璧礼天"，用苍色的玉璧来祭祀天。此后直到明清时期，玉璧一直是皇家祭祀的礼器。

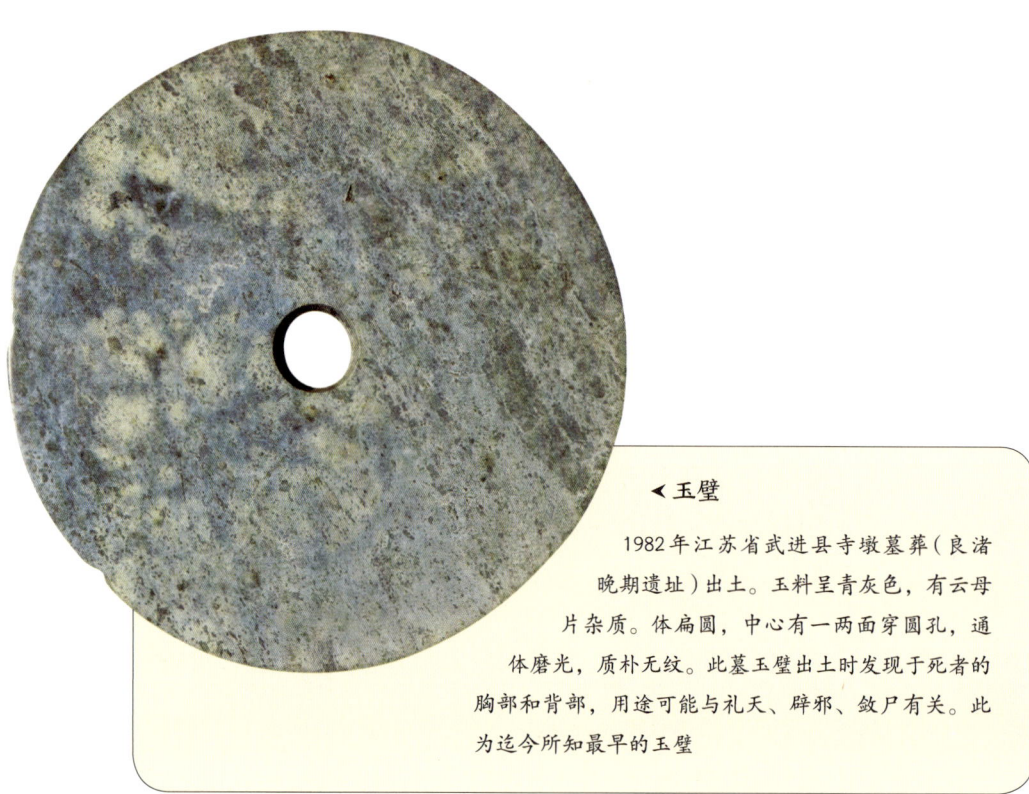

◀ 玉璧

1982年江苏省武进县寺墩墓葬（良渚晚期遗址）出土。玉料呈青灰色，有云母片杂质。体扁圆，中心有一两面穿圆孔，通体磨光，质朴无纹。此墓玉璧出土时发现于死者的胸部和背部，用途可能与礼天、辟邪、敛尸有关。此为迄今所知最早的玉璧

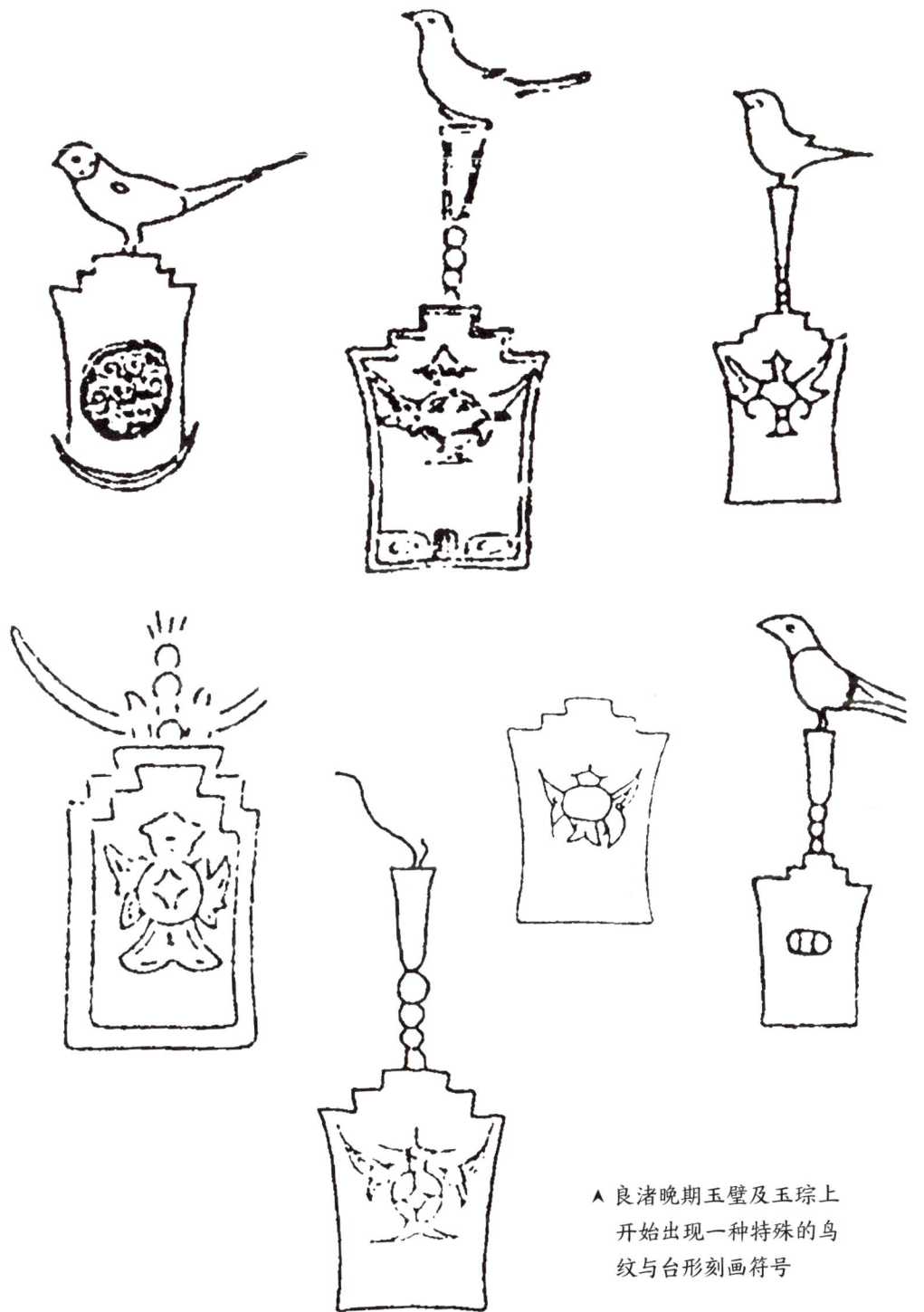

▲ 良渚晚期玉璧及玉琮上开始出现一种特殊的鸟纹与台形刻画符号

27

玉三叉形器和玉璜：男女首领的独特标志

玉三叉形器，是良渚文化里独有的，是男性贵族首领头上戴的类似王冠的东西。

▲ 玉三叉形器

▲ 三叉形器上的龙首纹玉簪

▲ 瑶山7号墓玉三叉形器与长玉管组合

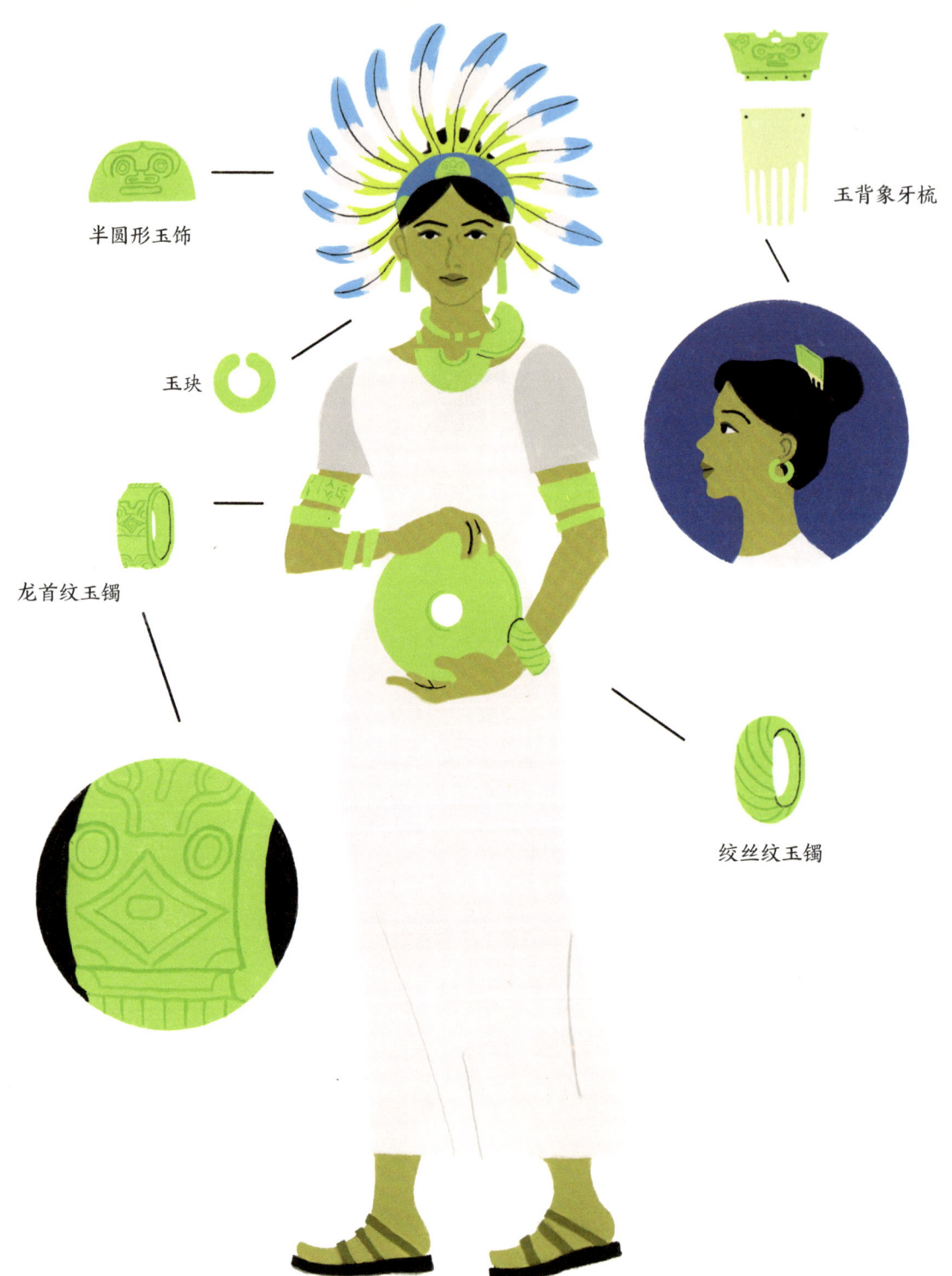

▲ 手镯

玉璜早在距今六千年左右的时候就出现了，古人讲"半璧为璜"。在良渚文化里，玉璜是女性贵族的一个专属象征。有两个孔，拴上绳子挂在胸前。

我们现在看到的良渚玉器都是白色的，但它们在当年都是绿色的。因为埋在土里之后，被沁成了白色。

中国人喜欢玉，一直到现在都喜欢。首先是因为我们中国产玉，其次因为玉本身的特性——稀缺，磨制之后温润美丽，同时具有韧性，可以进行很精细的雕刻，慢慢就成为一种身份的象征。到良渚文化时期，玉开始大量用于制作祭神的法器，这就进一步增加了玉的神性。

▲ 玉纺轮

▲ 玉匙、匕

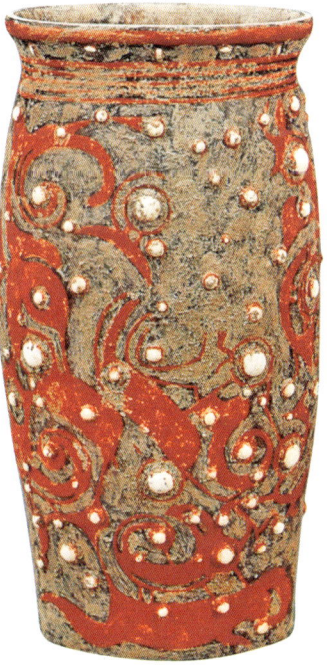

▶ 嵌玉漆杯

▲ 玉带钩

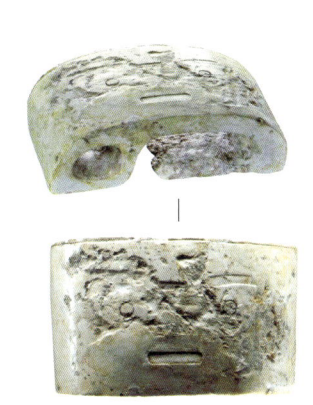

31

良渚古城：五千年前的繁华都市

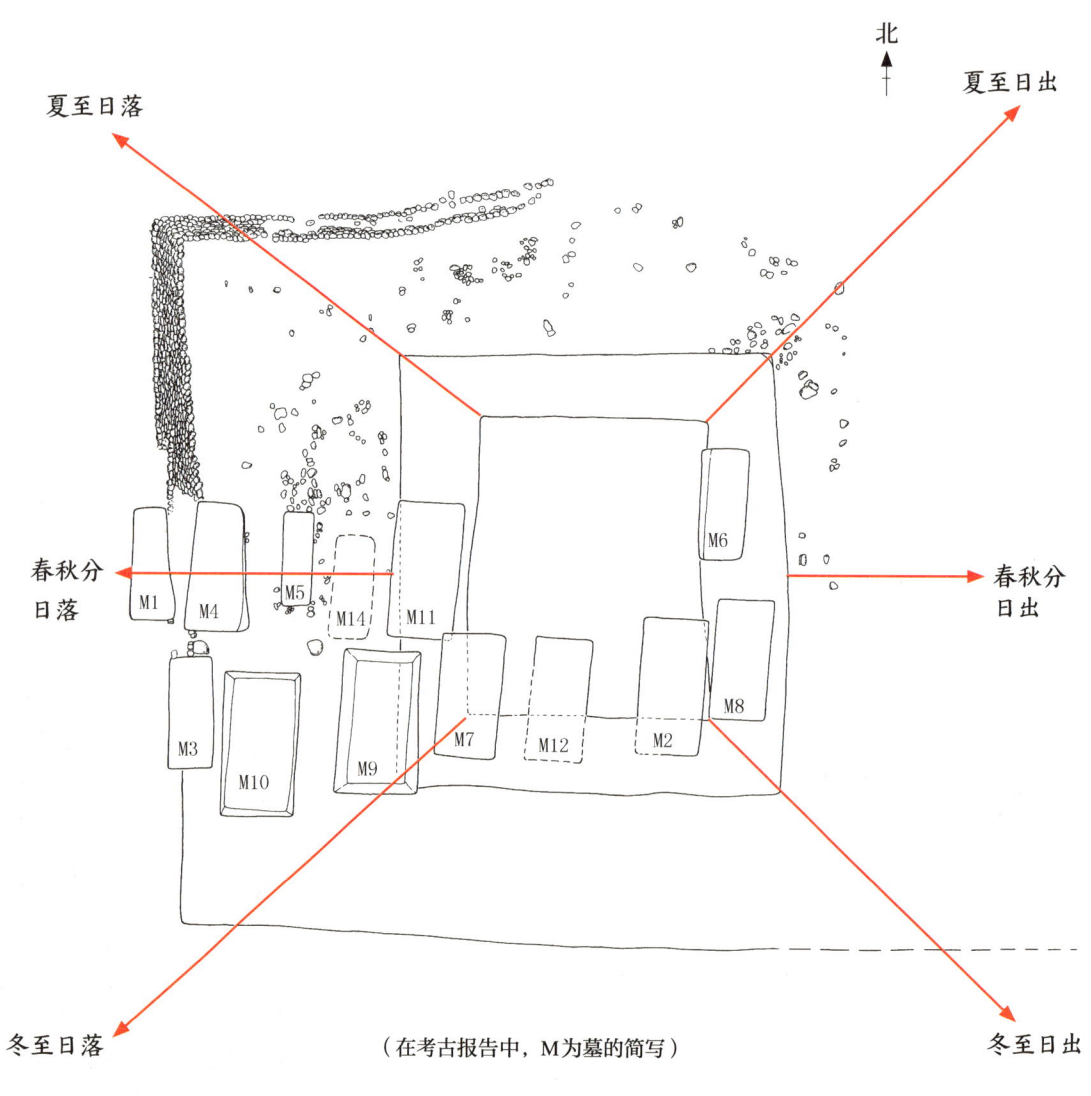

（在考古报告中，M为墓的简写）

▲祭坛，良渚先民观象测年的天文台

发现大墓与祭坛

1986年,我们发现了反山墓地,共有11座大墓,这是到现在为止发现的最高等级的良渚墓葬群。仅反山23号墓就出土了54件玉璧,到目前来讲也是一下子出土玉璧数量最多的一个墓。

1987年,我们发掘了瑶山墓地(发现12座大墓),在古城北面的山上。这个墓地与反山的墓地不一样,是建在山顶一个"回"字形的祭坛上。这并不是孤例。1992年发掘汇观山时,发现了同样墓地+祭坛的结构,而且尺寸都差不多。

开始我们也并不知道这个以挖沟填灰色土的方式形成三重土色的"回"字形是祭坛。后来,了解到中国天文观测发展的历史,并经过多年的实地观测(如在冬至、夏至、春分、秋分对瑶山和汇观山进行观察),我们发现,这是一个可以观测四季日出日落的古天文台。

内蒙古托克托出土过一件汉代的晷(guǐ)仪,我们看它的刻痕,与良渚瑶山、汇观山的祭坛有神似之处。

▶ 内蒙古托克托出土的晷仪

33

良渚有非常发达的农业，我们在莫角山宫殿区南面发现了良渚人的粮仓，其中出土了大量的炭化稻谷，据推测这个储藏量达到约20万公斤。这是非常惊人的！如果当时的人们对四季的变化规律没有相当程度的了解，怎么可能储备如此丰厚的粮食呢？

发现城墙

2006年，我们在葡萄畈遗址发现了一条南北向的壕沟，壕沟内出土了大量良渚文化晚期的陶片。壕沟东岸，3米多厚的良渚文化堆筑层底部铺满了石块，这一现象引起了我们的思考。当时我想，这可能是与中间的莫角山宫殿区（1987年发现）有关，或许是宫殿区的某种防护设施或者古代的大堤之类的。

考古就像破案一样，发现问题之后，就要顺着问题去设想，我们眼前看到的这些究竟是干什么用的。每走一步都会牵扯很多新的问题，我们要去不断地寻找答案。

2007年，我们在葡萄畈这一点的基础上继续寻找，就找到了西面的一条（见右图）。2007年下半年，我们又发现了北面这一条。这一条也非常惊人，有1000多米长，60米宽，3米高。不过，当时我们还不能证明它到底是城墙还是大堤。我们推想了很多可能，让钻探的技工们去钻探。到2007年10月，发现了东城墙；到11月，找到南城墙。就这样，良渚古城四面围合的城墙都找到了。

如果不是发现这些城墙，我们根本不能想象良渚人在五千年前能有这么大的工程！

中间的方台子（莫角山宫殿区）的面积有30万平方米，十几米高。如果我们去看第36页等高模拟出来的地图，就会发现，中间的宫殿区最高，

2006年在葡萄畈遗址发现了底部铺垫石头，上部堆筑黄土的遗迹。

2007年以此为契机展开调查，2007年5月发现了西城墙。

2007年9月发现了北城墙。

2007年10月发现了东城墙。

2007年11月发现了南城墙，从而确认了四面围合的城垣(yuán)。

然后是内城、外城。堆筑高度由内而外逐次降低，显示出明显的等级差异。

在宫殿区上，还有三个小台。"宫"这个字的象形字就是这么来的：两个台子上面加一个屋顶。我们现在去故宫看太和殿，会发现它也比院子要高一些。

➤ "宫"的甲骨文

▲ 现代地貌较好地保留了古城的三重结构（棕色最高、黄色次之、绿色最低）

　　良渚古城的面积大约是300万平方米，城墙现在的周长是7000米，南北是1900米，东西是1700米。算上外郭，整个城大约800万平方米，是到目前为止，我们发现的五千年前世界上最大的城。

　　整个城池的结构和现在的北京城是一样的，都是宫城—内城—外郭的三重结构。

城池结构

从2007年良渚古城发现以来,我们对良渚古城(城内、城外)的考古工作一直在持续进行。想要回答几个问题:良渚人为什么要在这个地方造一个城?为什么不再往北边一点、靠山一点?为什么不往南一点?

经过钻探,我们发现这个地方原来有一座自然形成的山。当年的苕溪,经过这座山,在这里形成一个绿洲。绿洲就成了造城的自然的基础。同时,苕溪可以往北通到太湖去,太湖位于长江三角洲的核心位置。

▶ 良渚古城初建时,与北、西、南三侧山脉等距,东部为开放的沼泽平原,具备丰富的资源优势和便捷的交通条件

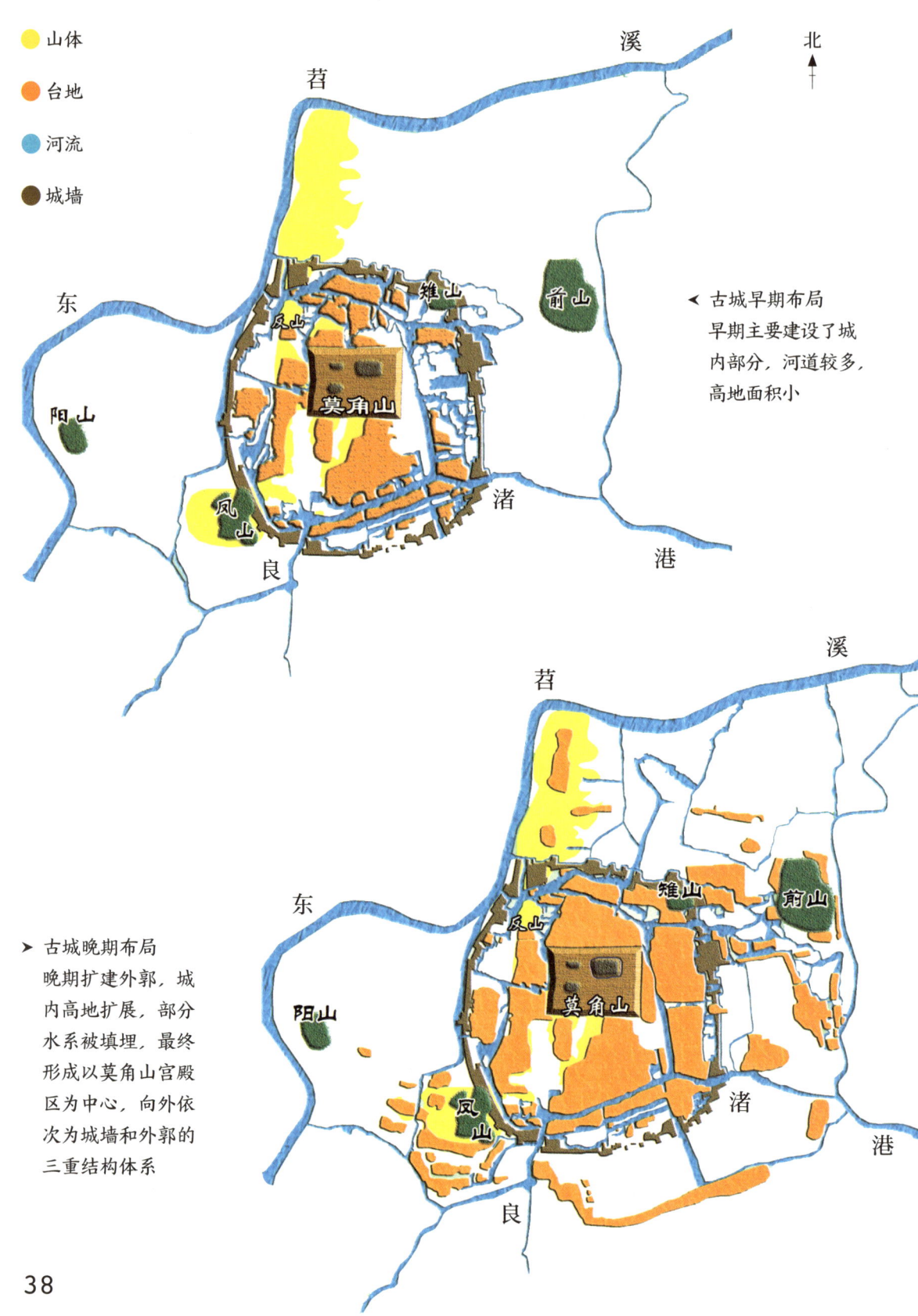

- 山体
- 台地
- 河流
- 城墙

◀ 古城早期布局
早期主要建设了城内部分，河道较多，高地面积小

▶ 古城晚期布局
晚期扩建外郭，城内高地扩展，部分水系被填埋，最终形成以莫角山宫殿区为中心，向外依次为城墙和外郭的三重结构体系

良渚古城的营建和使用经历了较长的过程。

早期主要建设了城内部分，晚期扩建了外郭，城内高地和水系也发生了一些变化。早期城内有很多河，高地面积小，高地上都是住着人的。使用了将近一千年之后，水系减少，居住面积就扩大了，人也更多，城市进一步扩大，就形成了现在我们看到的格局。

我们经过详细勘探，发现总共有8个水门，1个陆门，水陆交通都有，而且以水路为主。这和北方的城市很不同，北方中原地区都是陆地交通。

▼ 城墙（红色部分）略呈圆角方形，有内外马面状凸起，共8个水门，南部1个陆门

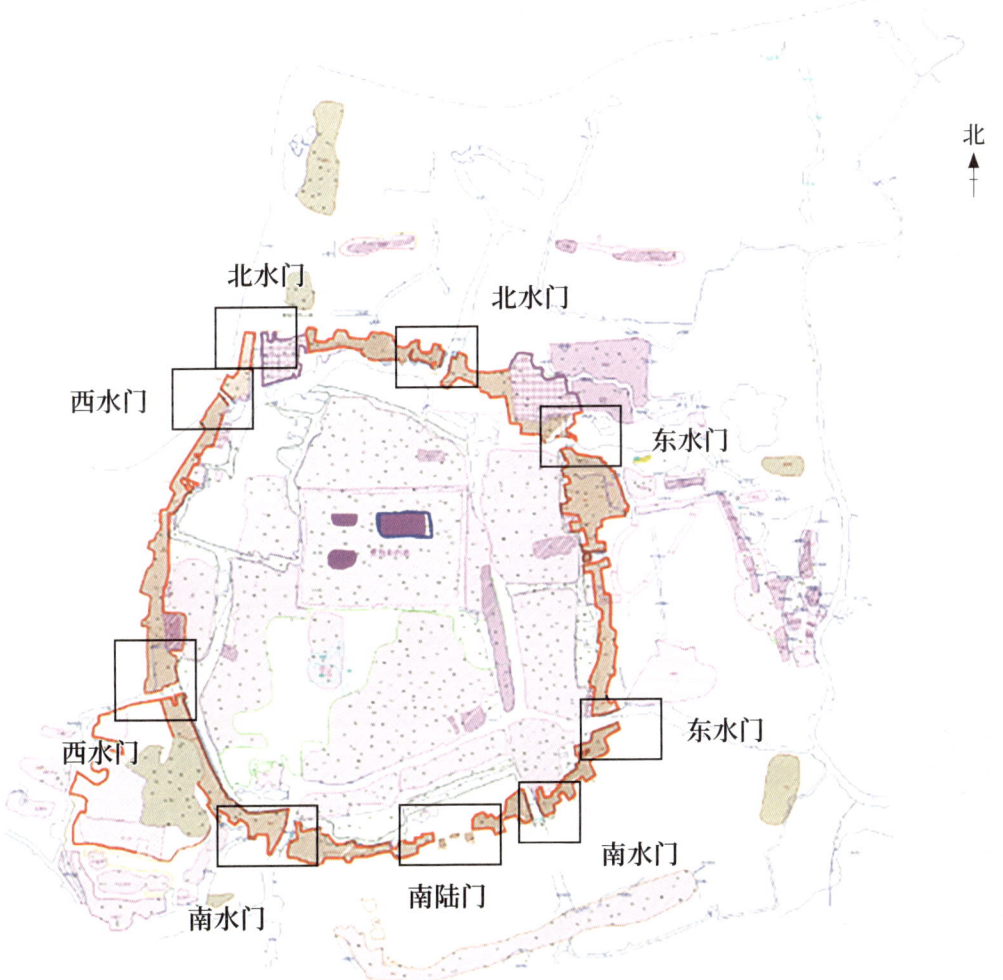

宫殿

通过勘探发掘，我们发现，当年登上宫殿区高台有三个通道：东面、北面、西面，分别都有码头和道路。中间大莫角山这个台子，最初是有一圈壕沟环绕，后来被填掉了。此外还发现，大莫角山上面有七座宫殿基址，整个宫殿区还有不少房子。最大的房子面积约900平方米，最小的房子约300平方米。当时的宫殿面积已经非常大了。

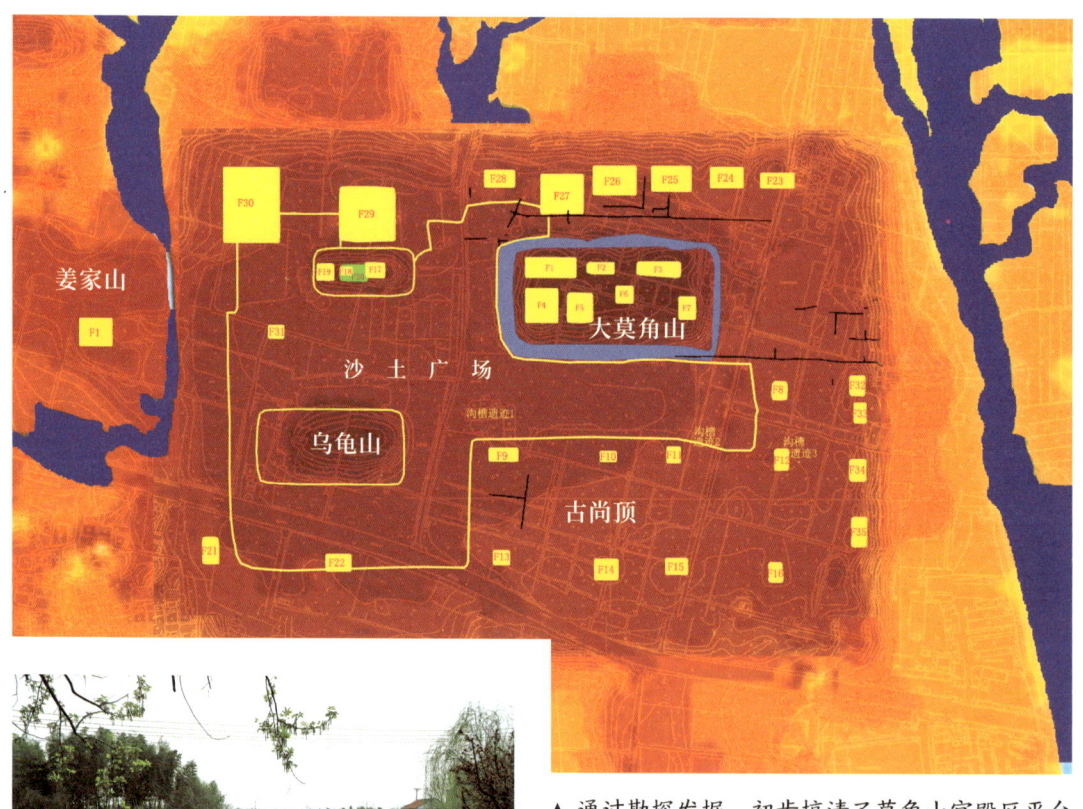

▲ 通过勘探发掘，初步搞清了莫角山宫殿区平台顶面的遗迹分布及周边码头的情况。发现多处排列整齐的大型房址，最大的房子面积约900平方米，最小的约300平方米

◀ 现在北城墙内城河中的木栈桥

外郭

我们也确定了外郭城的范围,外郭城也都是住人的。2010年,我们在外郭城的美人地发现了一个人工堆筑的高地边缘,是用木头做的岸,这个木头到现在有1.7米多高。底下像铺枕木一样,然后铺一个大的横木,上面再立板。这个结构,就跟现在乌镇这样的江南水乡差不多,只不过现在水乡的民居是用石头做岸。我们因此可以看到,整个江南水乡的居住模式,是从五千年前的良渚时代一路延续下来的。

▲ 良渚古城的外郭结构(蓝色色块圈起的位置)

▲ 美人地人工堆筑高地南侧的木板遗迹

◁ 美人地遗址的木板河岸遗迹所反映居住地的状况，类似于现在江南水乡临河而居的景象

城外惊人的水利系统

在距离古城的西北部大约8千米的位置,农民在黄土山下取土的时候发现了青泥。当时有人以为这是一个战国的大墓,因为战国的墓葬里面一般都是用青泥填起来的。

后来我们去发掘,发现这不是一个墓葬,而是一条水坝。当时(2009年)还不知道这水坝是良渚的,但是能判断是很早的水坝。

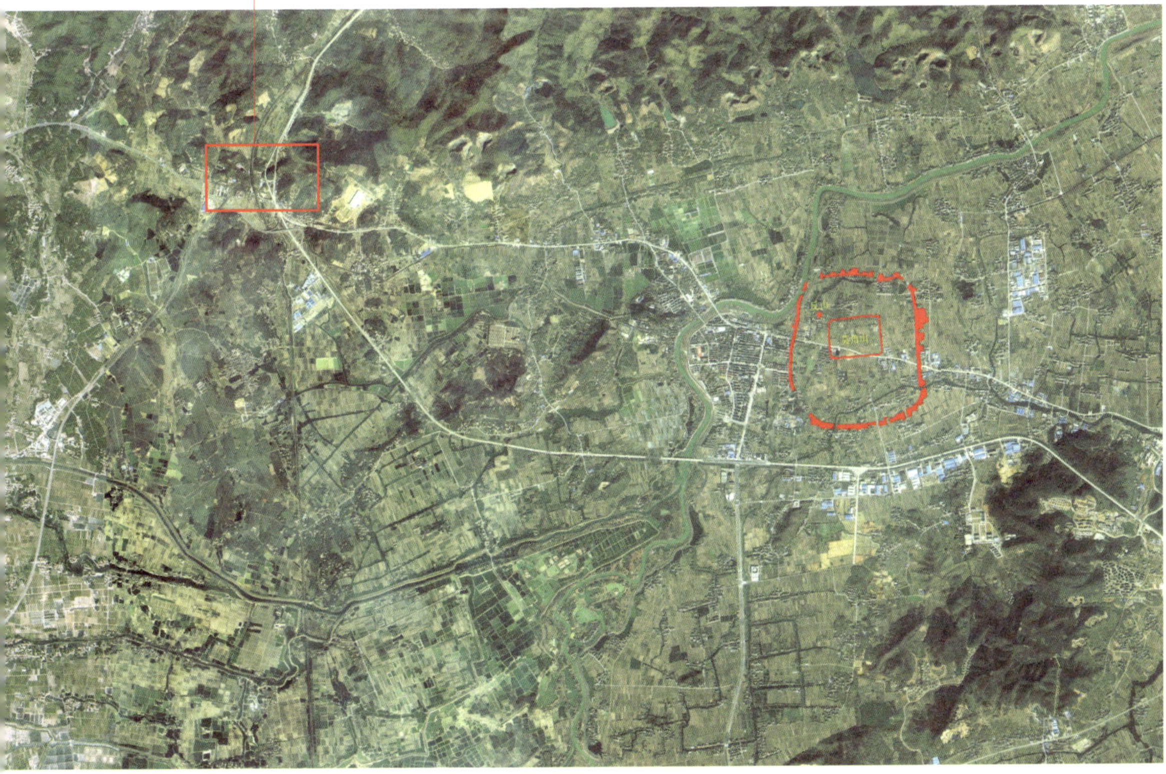

2010年有一次下雨，土里面冲出来很多草包。这个草包就跟我们当时发现的堆宫殿的草包差不多，所以，我想这个有可能是良渚人的工艺。用碳14检测草之后发现，这条水坝大概距今有5000年。

这样一条水坝，离城有8千米，那么，它跟这个城有什么关系呢？好像也找不出什么关系，我们就继续调查。到2013年，我们总共找到11条水坝。通过钻探，发现很多像山的地方其实是人工堆的，因为我们可以从它的断面看到草包的结构。

良渚人的水利系统规模之大超出想象，甚至有的现在还用作水库！我们根本不能想象，5000年前的水库到现在还在用。可这里面草包检测出的年代是很准确的，是摆在我们眼前板上钉钉的事实。

我们从大的角度观察，整个系统是一个9平方千米的水库，非常大，兼有防洪、运输、用水、灌溉等各个方面的用途。从右边这张图我们也可以看到，当时设计这个城，是在三山之间找到一个非常居中的位置。

它为什么不往北一点，或者再往东一点？一个可能与苕溪的交通有关，从这里到太湖大概只有60多千米，相当于一个枢纽。再一个原因，"古之王者，择天下之中而立国，择国之中立宫，择宫之中立庙"，中国古人设计都城向来都有这样一个"居中"的理念，这可以上溯到五千年前良渚的时代。

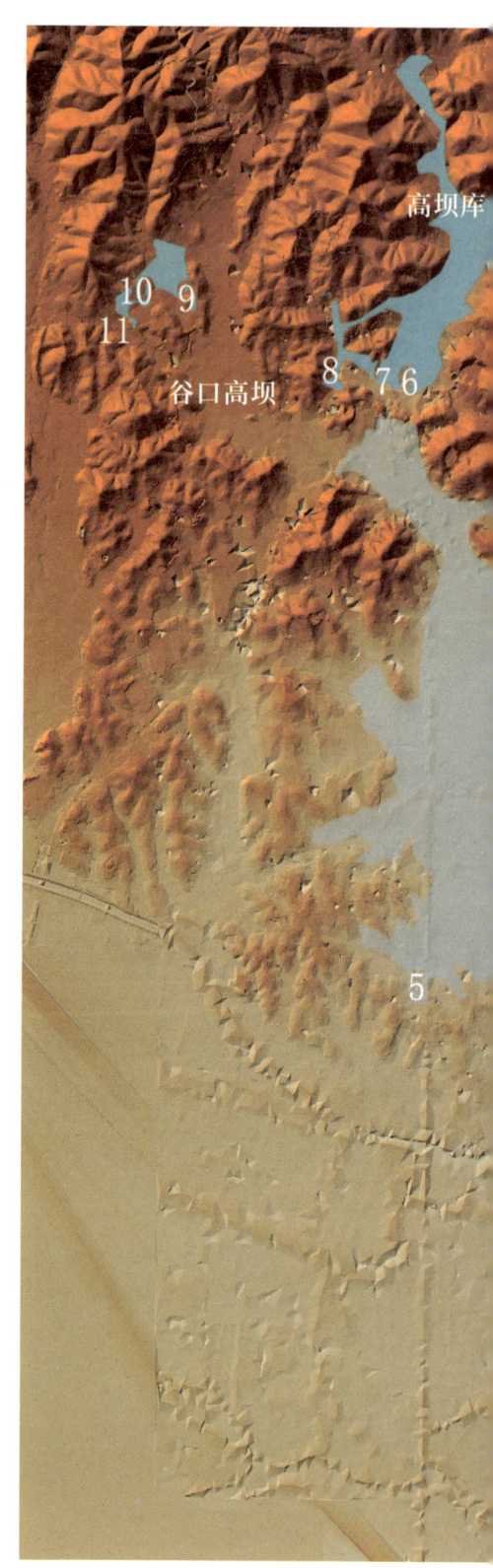

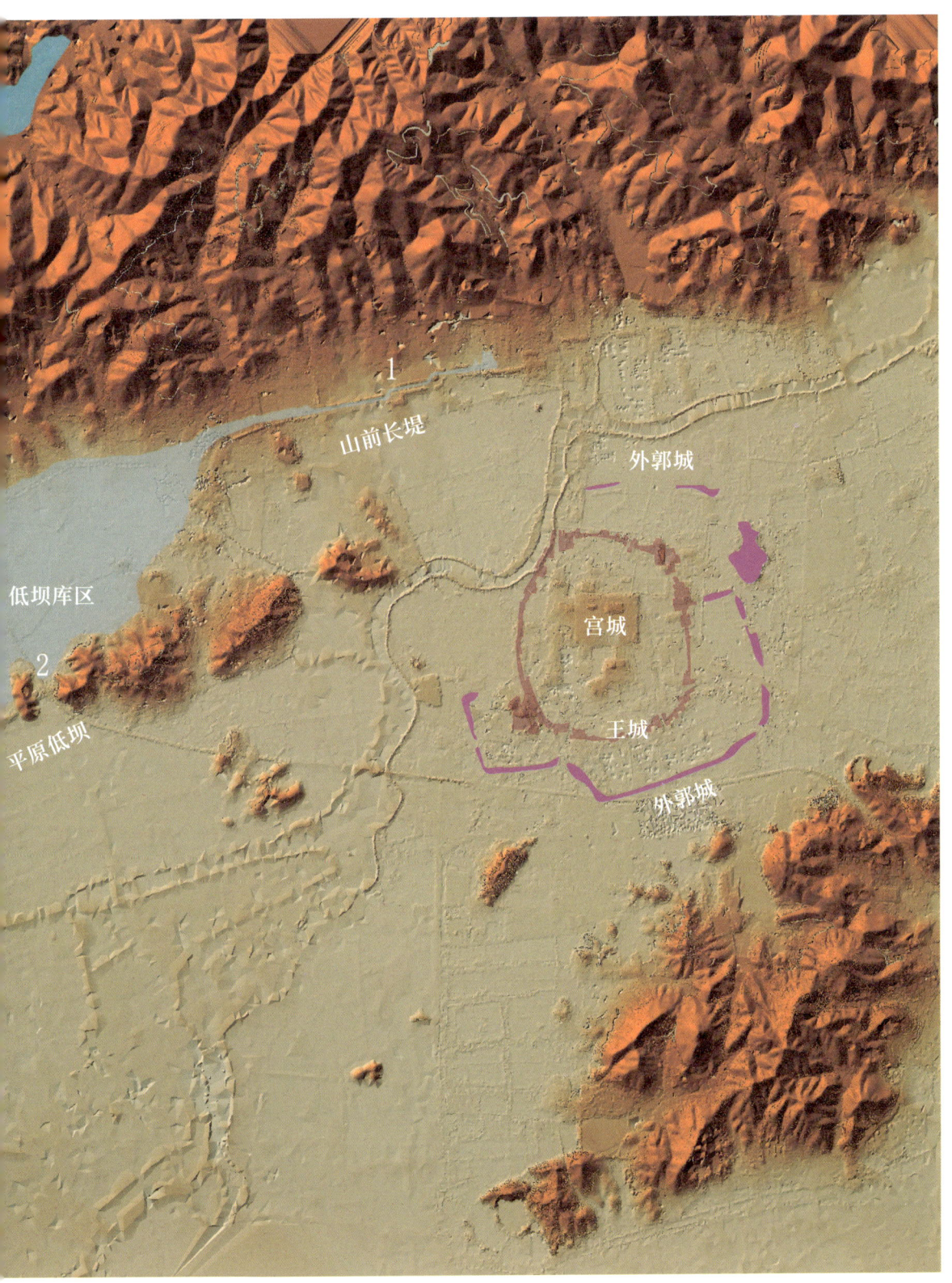

鲤鱼山—老虎岭水坝遗址，以"良渚古城外围水利工程遗址"之名，成为2015年度的全国十大考古新发现。我们借了农民取土的缺口进行发掘，发掘后可以看到它堆筑的结构，从工艺上和碳14上，我们都可以证明它的年代。现在还有两个依然在使用。

鲤鱼山—老虎岭水坝遗址

鲤鱼山—老虎岭水坝遗址是良渚古城外围水利系统，是已知中国最早的大型水利工程，也是世界最早的水坝系统，设计范围超过100平方千米。遗址包括塘山坝、狮子山坝、鲤鱼山坝、官山坝、梧桐弄坝、岗山岭坝等11条水坝。

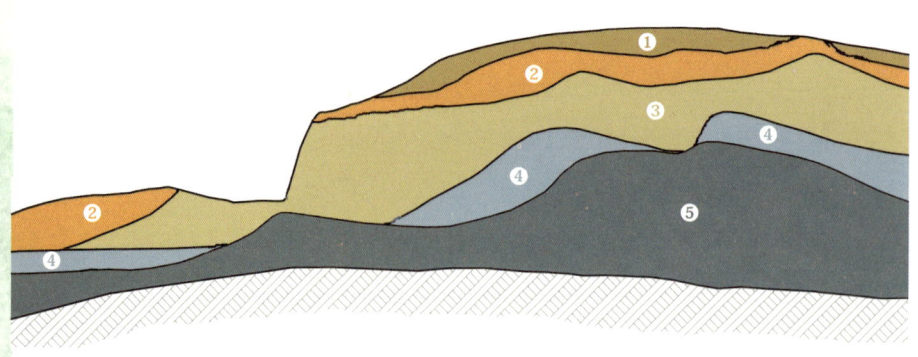

◂ 高坝结构
❶ 褐土
❷ 褐黄土
❸ 黄土杂草裹黄土
❹ 青粉土
❺ 淤泥杂草裹淤泥

0　2　4　6m

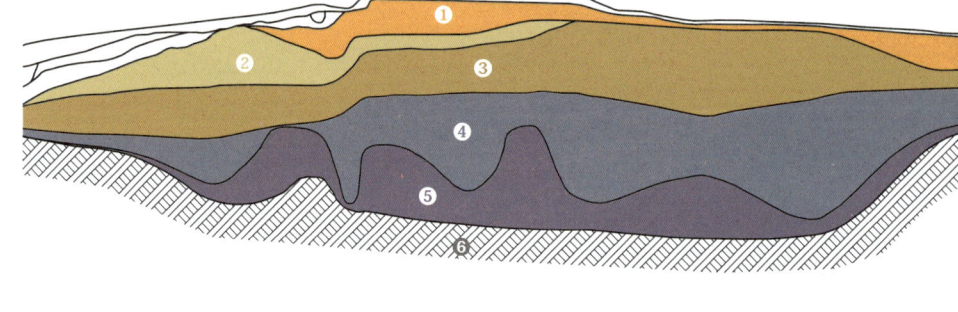

▸ 低坝结构
❶ 黄土
❷ 草裹黄土
❸ 黄褐土
❹ 草裹淤泥
❺ 紫色淤泥
❻ 青粉砂生土

0　2　4　6m

水坝附近还出土了当时人们生活物品残片的堆积，检测证实这是良渚文化晚期的东西。

在对11条水坝中的7条做了碳14检测后，其中有6条年代非常清楚，都是在距今5100—4700年之间。也就是说，在**距今五千年左右，这些水坝已经修成**。

除此之外，我们还做了一些其他研究，比如对城墙底下的垫石进行研究。我们请地质学家把这些垫石跟周围山沟里的石头做对比。通过对比，我们发现这些石头主要是从北面的山沟里运过来的（占90%）。这样，我们就可以比较精确地测算当时人们把它们开采、运来、堆起的过程需要耗费多长时间和多少人力。

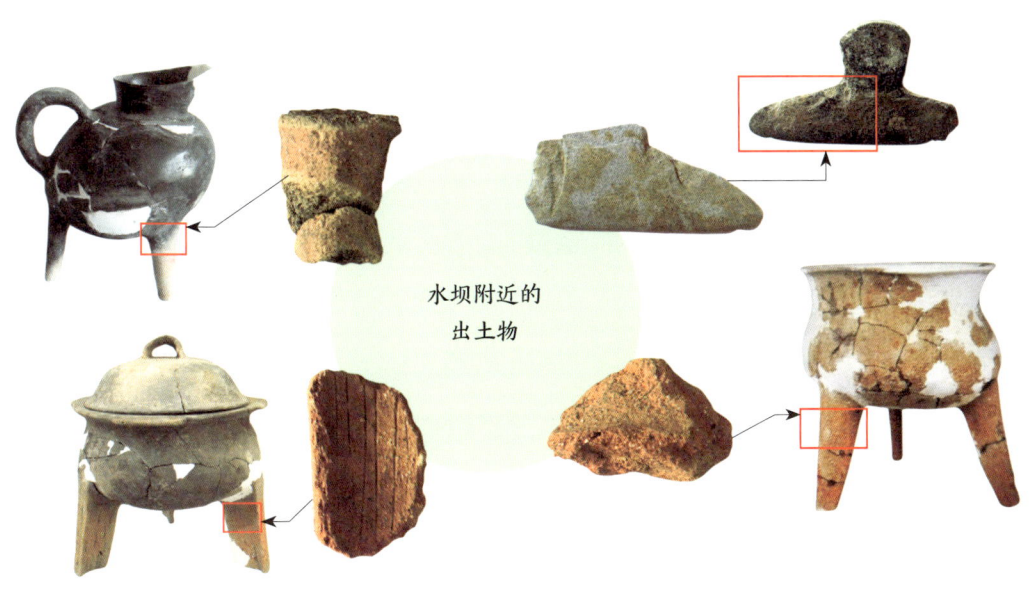

水坝附近的出土物

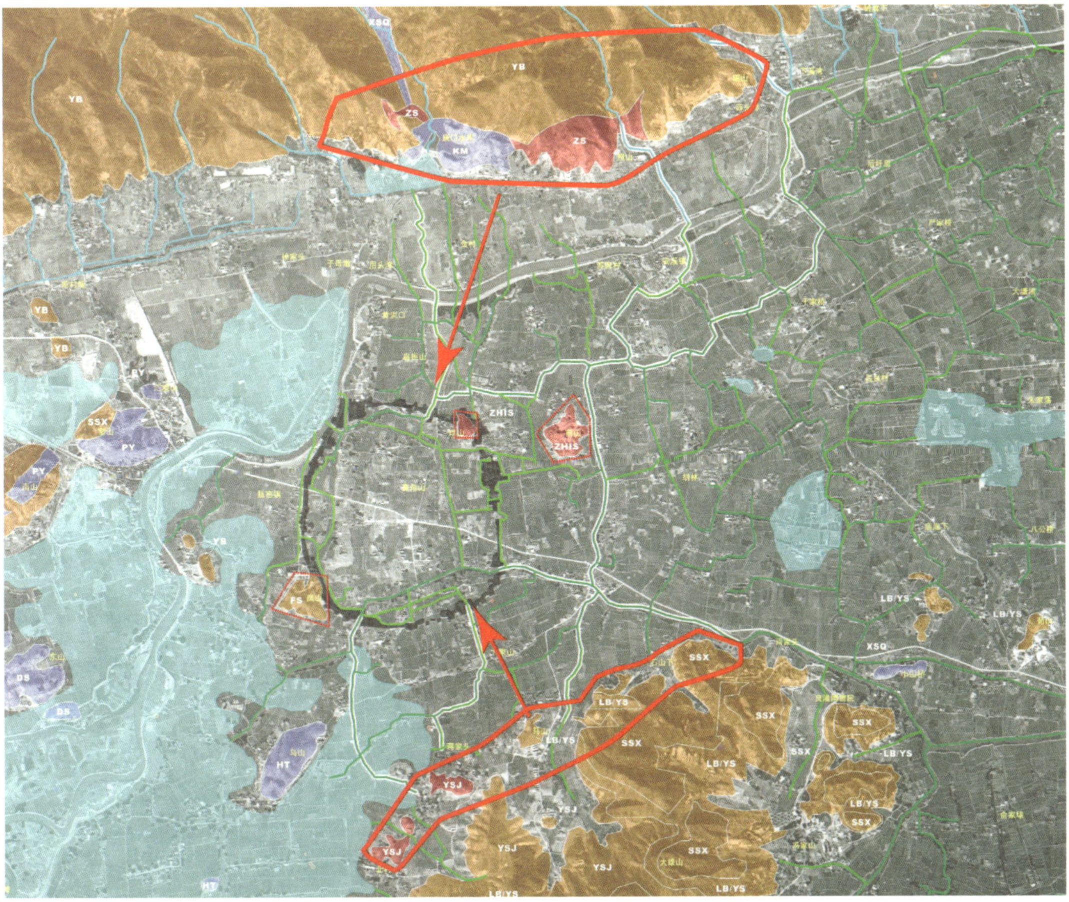

▲ 岩石成分分析推论出块石主要采集地的精确位置，再根据考古钻探的古河道推算出运输路径

▲ 芦苇

▲ 南荻（苕）

堆水坝的草包也是一样。一个草包大概有两个写字台这么大，那么一堆草包中颜色一样的，应该是一船运过来的。通过对良渚人运输工具载重量的计算，我们推测，独木舟的载重量约300千克，竹筏可以达到1200千克。运草包应该使用的是竹筏。

我们还对草包上面的草做了分析。草裹泥是用南荻包裹、苇条绑扎的。南荻俗称"苕"，苕溪就是因为两岸有很多苕而得名的。通过研究，我们还能知道这些草大约是在秋天时采的。考古有意思的地方就在这里，发现问题后，不断地去追索，一点点抽丝剥茧，直到基本上能够把这些问题搞明白。

草包的横切面（见下图）是这样的，因为它是软的，所以堆起来再踩上去之后就变成了这个样子。

▼ 草裹泥块交错堆叠情形

我们用良渚出土的木锹、木臿（chā）做了复制品，然后请农民到现场去做模拟、做实验考古。这样，我们就可以算出来大概做一个立方的草包要多长时间。按照1人挖土、3人包扎来估算，每个小时可以做102个草包，大约0.63立方米。

同时，植物学的研究告诉我们，用来捆绑草包的南荻是已经开花的状态，而南荻开花在10月之后。因此，我们可以推测，这类工程的营建应该都是在秋冬季的枯水季节，是利用农闲时段来进行的。

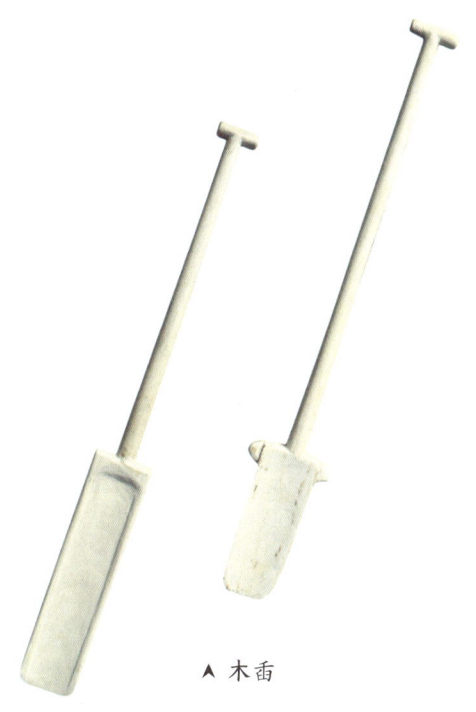

▲ 木臿

▼ 用复原工具模拟制作草包

▲ 扎草包工艺复原

52

良渚文化最后去哪儿了？

很多人都会问这样的问题：良渚这么发达的一个文化怎么就没有了呢？可能跟环境有关，可能跟战争有关，还可能是内部的瓦解。

良渚晚期确实经历过很大的洪水，洪水把稻田都淹没了。在距离良渚古城东面30千米的位置，发现并挖出了一块很大的稻田和田埂遗址，总共

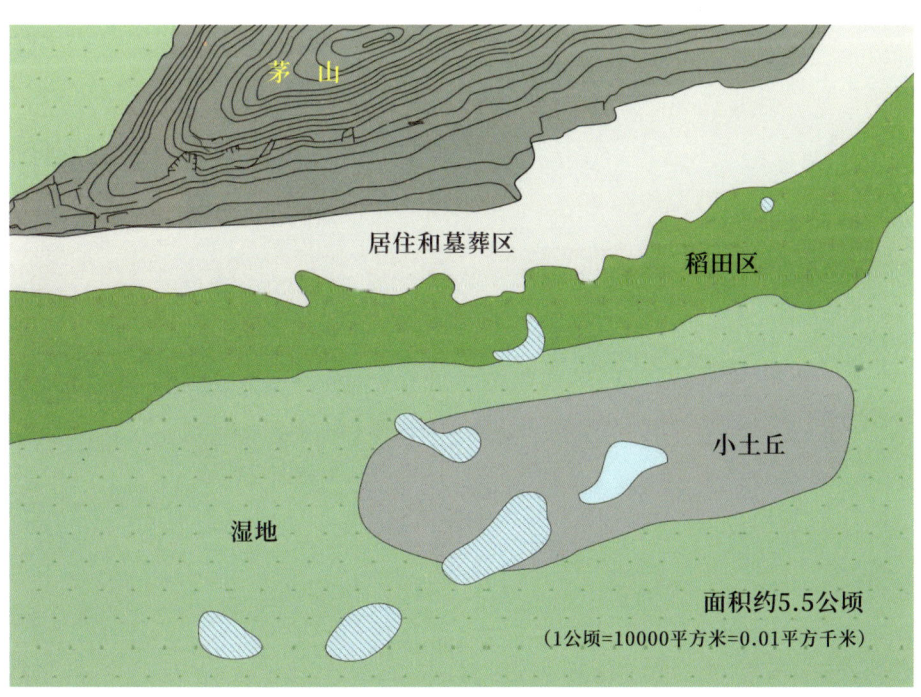

▲ 茅山遗址中的古稻田区，位于一个依山傍水的古代村落中。洪水淤积层的覆盖，使4000多年前的古代稻田及牛脚印等遗迹保存完好

有80亩地的样子，再次显示了当时非常发达的农业。

这是良渚人靠山的一个村落，有稻田区、居住区、墓葬，还发现了牛的脚印。我们发现早期的田块是很小的、一块一块的，那么在这个田块边上有条小河，里边还出土了独木舟。

通过玉器的研究我们可以看到，早在四五千年前，现在中国版图上一些很大的区域都存在着文化的交流。龙山时代的玉琮，显然是受了良渚文化的影响。

良渚人发明的玉琮，最北传播到陕西延安的卢山峁遗址，最南传播至广东的石峡遗址。这件在卢山峁出土的玉琮是典型的良渚风格。长江下游的东西能够在陕北被发现，我们很难想象是怎么传播过去的，但确实是传过去了。

下面这个是一个很著名的遗址，陕北榆林神

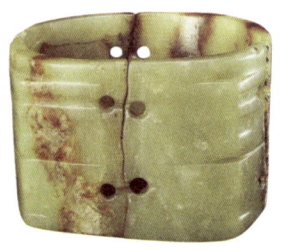

▲ 延安卢山峁出土玉琮

▲ 甘肃齐家文化玉琮

▼ 神木石峁遗址

木县的石峁遗址。石峁遗址出土了良渚文化晚期的玉琮。那里的人把良渚的玉琮切片,切了片可能是为了戴在身上。这再次让我们惊叹,良渚文化的影响范围之大、影响力之强。

通过这些考古发现,我们可以知道在大禹治水之前,各个地方居住的人们的交流范围。大禹治水之后才有"定九州",才有民族的认同感,有共同的语言可以交流。然而,通过对史前玉器的研究,我们可以看到这么远距离的人和文化之间是存在着交流的!这很有意思,刷新了我们现代人的认知。

良渚文化之后,在河南安阳的殷墟和四川成都的金沙遗址(商代同期),我们依然可以看到良渚玉琮的影子,良渚的影响始终没有断绝。一路发展下来,玉琮逐渐变成没有纹饰的素面玉琮。

▲ 河南殷墟妇好墓出土

▲ 四川成都金沙遗址出土

从考古的角度来看,每一个考古学文化都有一定的时间阶段。但是,一个考古学文化消失了,或者说它转化为另外一个文化了,这并不等于说原来那个族群灭绝了,而是文化的表现方式改变了。

纵观中国历史,即便是少数民族统治的情况下(如元代、清代),历史和文化也始终没有灭掉,一直传了下来。这正是中国文化的可贵之处——不曾完全断灭,一直到现在。

> "从考古学文化的演变与交融，我们获得了对中华文化的认同感，因为中华文化也有DNA。文化是民族的共同血脉，带来了持久而强大的凝聚力。这里的民族并不是局限在汉族，而是中华民族——中国是个多民族、多元一体的国家。"

我们通过考古，可以看到近一万年以前，中国版图上的各种文化从多元走向一体的过程。早期有很多种文化，逐渐融合到我们现在这样一个大中华的概念下。

良渚文化的发现与研究，让我们对中华五千年文明的发展程度有一个非常直观的概念——迄今为止，五千年前世界上最大的城在我们这里。过去西方考古学在定义"文明""国家"的时候，是以两河流域及埃及的考古发现为样本进行总结的，说国家诞生的标志有三要素：文字、金属冶炼、城市。良渚文化的发现，展示了精彩绝伦的玉器，这在西方以前都是没有的。玉器的加工、生产，它的难度绝不亚于金属冶炼。金属不是每个地方都能炼的，因为矿也是有限的，这是多方合作产生的一个东西。玉也是一样。虽然我们现在还没有发现五千年前中国的文字，但是通过良渚这样的遗址，神的崇拜，我们可以看到交流、融合的过程。良渚目前已经发现六百多个符号了。这些符号具有表意性，是完全象形的，像小动物，甚至有的已经很像字了。但是我们要证明它是一种成熟的文字，是一定要有成体系的说明，目前还没法做到。

中国成熟的文字，目前最早是在商代。再往前能够推到什么时候呢？我们拭目以待。

【给孩子的话】

中国的历史和文化是不曾断灭过的，良渚文化经过几千年的发展演变，最终融入一个大的中华文化之中了，我们从良渚文化的研究中，看到了中华文明从多元走向一体的融合过程。良渚人对玉器的偏爱与尊崇、他们稻作农业的生产方式、江南水乡的生活方式、环绕中心的城市规划理念，以及漆器红黑相间的审美风格等，这些都是良渚文化对中华文明的独特贡献。在良渚之后的几千年里，虽然文化的面貌与载体随着时代的发展而不断变化，良渚人的文化精神与理念却渗透在中华文明的血脉之中。

希望这本书能让你对良渚文化，对中华五千年文化，对长江流域的新石器时代文化，有一个大致的概念。读万卷书，行万里路。欢迎你以后来杭州，到良渚遗址公园、博物馆，现场感受一下，再看书里讲的内容，感触又会不一样。

【考古学家小传】

"

正是考古,让我们非常清楚地看到中华文明的发展演变,从中领悟古人的智慧,为当下及未来提供借鉴。

考古是一场修行。面对历史,我们不能改变什么、发明什么,只能在坚定的信念里,走近历史的真实。

"

刘斌,1961年出生于陕西西安,祖籍山东青岛。

他是良渚古城遗址的重要发现者,长期参加和主持良渚的考古发掘工作,2009年任浙江省文物考古研究所副所长,2015年任所长。2020年起,任浙江大学文化遗产研究院院长,浙江大学艺术与考古博物馆馆长。

第三批国家"万人计划"哲学社会科学领军人才。

主要研究领域为长江下游的史前考古和史前玉器,在中国史前考古和史前玉器研究方面造诣深厚。

初到良渚，见到"文明的曙光"

1985年，刘斌从吉林大学历史系考古专业毕业，来到浙江省文物考古研究所史前考古室工作。1986年，良渚文化的考古取得重大突破，第一次挖到了反山大墓。1987年，刘斌和同事又在瑶山遗址发现了良渚贵族墓地，并第一次发现了良渚文化的祭坛。良渚遗址的重要性和整个良渚文化的地位越发凸显出来。

刘斌参加了反山几座重要墓葬的发掘工作。对他来说，12号墓的玉琮王、玉钺王，22号墓的龙首纹玉牌、玉鱼等出土时的情景，至今仍然历历在目，有如"文明的曙光"。

12号墓出土了大量精美的玉器和多件漆器，包括重达6500克的"琮王"，12号墓也被视为良渚王墓。著名考古学家严文明先生（第五届世界考古论坛"终身成就奖"得主）曾在一篇文章中写道，"由于他（这座大墓的发掘者刘斌）特别精细的清理工作，才使我们能够一睹这位良渚王的尊容"。

发掘瑶山大墓时，为了防止墓中还未取出的玉器被盗，考古队员们把门板横铺在墓坑中间，和衣而睡。像这样睡在墓上的夜晚，他们经历过无数次。

发现古城,"被材料牵着鼻子走"

反山、瑶山等大墓的发掘,使良渚文化的玉器研究进入高潮。但是良渚文化是否称得上"文明"?还缺少最为关键的一笔。

2006年6月,刘斌带着考古队在瓶窑葡萄畈遗址进行试掘。一条良渚时期的南北向古河道被发现了,而且,洛阳铲在3米多深的地方碰到了石块。对普通人来说,石块是平凡无奇的东西;但对于考古学家来说,石块可能是步入新世界的拐点。

"被材料牵着鼻子走",这是著名考古学家张忠培先生的话,刘斌一直记着。"你发现了石头,然后怎么办?怎么样去理解材料?这些材料带给你的信息是什么?"

于是,刘斌开始"破案"。石头是在3米多厚的黄土堆积下面发现的,而且中间没有间隔,是一次性堆上来的,说明这些石头应该是3米多厚土的基础,很有可能是大堤或者城墙。那一定是个大工程。他进一步研究石头,发现石头是开采来的,那么,是从哪个山上开采来的呢?

> 所谓的'被材料牵着鼻子走',当某一种材料能触动你,就要把它搞明白,要被它牵着走,找出它有多长、有多宽,再顺下去,这个石头是从哪儿来的?后面的系列设计都是从这个角度来展开的。考古就是教我们怎样去追寻遗迹,怎样去发现它的功能。

刘斌和他的队员们没有去发掘陶片丰富的古河道，而是把注意力集中在没有陶片的黄土上。2007年，他们依次发现了西城墙、北城墙、东城墙。当11月最终发现南城墙时，这座被历史的泥沙淹没了5000年的王城，展现在考古工作者面前。

经过了各方质疑、不断论证、努力争取，良渚古城遗址终于得到了应有的重视和保护。良渚文化也正式从"文明的曙光"被认可为"成熟的国家文明"。2019年，良渚古城申遗成功，列入《世界遗产名录》，成为中国第55处世界遗产。大众对于良渚的关注度，几乎到达历史顶峰。

良渚申遗成功，又一个新的起点

中国近代考古史刚过百年，中国考古人却挖出了中国博物馆80％以上的文物。当良渚申遗后，刘斌更加怀念恩师——一生心系良渚的张忠培先生。"仿佛才刚刚走出校门，满头银发的老师已离我们而去。先生虽然没有等到这一天，还望今时今日当可告慰"。

刘斌现任浙江大学艺术与考古学院教授，主持"考古中国：长江下游区域文明模式研究"课题。从田野到讲台，刘斌始终保持着对考古巨大的热情。

> "申遗成功,只是对以往良渚考古成果的肯定和阶段性总结,未来还有很长的路要走。"

> "教育太重要了,文化素养是国民素质教育的基础。让孩子们了解中国的文化历史,热爱中华文化,才能增强文化自信,更加热爱我们的祖国和民族。"

考古的吸引力在哪里?刘斌认为,最大的乐趣就是研究本身,"那些学术的问题、那些未解的谜团牵引着你去一点点破解,从事考古工作会越来越觉得有意思"。

刘斌说,只有放在一个大的时空框架中,才能令我们清晰地感知所在时间的坐标、空间的坐标和文化的坐标。自良渚以来的几千年里,不管时代怎样变化,先人的文化与精神早已渗透进中华文明的血脉之中。现在,我们设立了良渚古城遗址公园,每年吸引上百万访客参访。大家前来瞻仰先民生活形态,从中汲取古代文化中的智慧和审美。只有懂得了过去,才能更好地珍惜当下与规划未来,让祖先的创造在我们的手铲下再现昔日的辉煌。

图书在版编目（CIP）数据

考古学家带你看中国 . 良渚 / 刘斌著 . — 北京：
中国经济出版社，2024.10. — ISBN 978-7-5136-7818-6

Ⅰ . K878-49

中国国家版本馆 CIP 数据核字第 20241FF682 号

审图号：GS 京（2024）1764 号

特邀策划	活字文化 Moveable Type	黄　昕
策划编辑	龚风光　张娟娟	
责任编辑	张娟娟	
责任印制	马小宾	
封面设计	知雨林	
内文排版	陈小娟	
内文插画	邓　语	
营销支持	廖　琛　杨皓捷	

出版发行	中国经济出版社
印 刷 者	北京富泰印刷有限责任公司
经 销 者	各地新华书店
开　　本	787mm×1092mm　1/16
印　　张	4.25
字　　数	56 千字
版　　次	2024 年 10 月第 1 版
印　　次	2024 年 10 月第 1 次
定　　价	39.80 元

广告经营许可证　京西工商广字第 8179 号

中国经济出版社 网址 www.economyph.com　社址 北京市东城区安定门外大街 58 号　邮编 100011
本版图书如存在印装质量问题，请与本社销售中心联系调换（联系电话：010-57512564）

版权所有　盗版必究（举报电话：010-57512600）
国家版权局反盗版举报中心（举报电话：12390）　　服务热线：010-57512564